语文课本
中的知识精华
YU WEN KE BEN ZHONG DE
ZHI SHI JING HUA

语文课本中的红色经典

徐井才◎主编

北京出版集团公司
北京教育出版社

图书在版编目(CIP)数据

语文课本中的红色经典/徐井才主编.—北京:北京教育出版社,2012.7
(语文课本中的知识精华)
ISBN 978-7-5522-0764-4

Ⅰ.①语… Ⅱ.①徐… Ⅲ.①阅读课-小学-教学参考资料
Ⅳ.①G624.233

中国版本图书馆 CIP 数据核字(2012)第 151084 号

语文课本中的红色经典

徐井才 主编

*

北京出版集团公司
北 京 教 育 出 版 社 出版

(北京北三环中路 6 号)
邮政编码:100120
网址:www.bph.com.cn
北京出版集团公司总发行
全 国 各 地 书 店 经 销
永清县晔盛亚胶印有限公司印刷

*

690×960 16 开本 14 印张 300000 字
2012 年 7 月第 1 版 2012 年 7 月第 1 次印刷

ISBN 978-7-5522-0764-4
定价:27.80 元

质量监督电话:(010)51222113 58572750 58572393

目录

长征的故事

阅读导航

长征创造了无与伦比的英雄业绩，谱写了惊天地、泣鬼神的伟大革命诗篇。它是中国革命史上的奇迹，世界军事史上的伟大壮举。“红军不怕远征难，万水千山只等闲。”万里长征不仅给我们留下了渡湘江、强渡乌江、四渡赤水、强渡大渡河、过草地、翻雪山等一幅幅鲜活的历史画卷，更为我们留下了不朽的长征精神。

飞夺泸定桥

课文再现

《飞夺泸定桥》（北师大版四年级上册）一文主要记叙了中国工农红军在长征途中，克服了重重困难，冒着敌人的枪林弹雨，英勇夺下泸定桥的惊心动魄的战斗经过，表现了红军战士不畏艰险、不怕牺牲、勇往直前的革命英雄气概。

小夫子多多有话说

大家好！我是你们的小夫子多多。在长征途中，国民党反动派派重兵对红军围追堵截，但这没有动摇红军北上抗日的决心。在红军指挥员的出色指挥下，英勇善战的红军不断取得突破性胜利，最终摆脱了敌人的围剿。让我们在生动的故事中，回顾那些惊心动魄的时刻。

课外链接

梯子岩上尖刀排

梯子岩

梯子岩海拔1400米，两侧是高耸入云的悬崖陡壁，只有一条羊肠小道可通岩顶，离岩顶20米处还有个山口，人侧身才能通过，石岩上有一条人工凿成的“天梯”通向江边。在乌江一带，就数这梯子岩渡口地形最为险要，因此敌人以为据险而守，万无一失，所以仅派了一个民防团驻守。红三团充分研究了这一带的地形后，决定出其不意，从梯子岩强渡乌江！

38位水性好的优秀战士被挑选出来，组成了尖刀排。夜晚9时许，战士们将扎好的竹排拖到北岸边，准备下水渡江。此时天空漆黑一片，几步外就看不见人影，又赶上雷电交加，风雨大作，江水翻腾着一泻千里，吼声震天，江面上形成了许多漩涡，江底又暗藏着险恶的暗礁。此时渡江，确是惊险万分，但这样的险恶天气，也大大降低了敌人的警惕性。

借滂沱大雨掩护，竹排下水了。南岸敌人的手电光偶尔掠过江面，但烟雨迷蒙一片，什么也看不清楚。竹排躲过一个个暗礁险涡，顺利到达了梯子岩下面。但是要想消灭敌人，必须攀上陡峭的“天梯”。战士们将所有的绑

腿、米袋、藤条接成一条长长的绳索，凭借着它一步步向“天梯”上爬去。

漆黑的天，溜滑的石壁，攀爬艰难，又不敢点火照明，只有凭感觉向上爬。许多战士的手脚都被刮伤划破了，还有两个战士一不留神，从高陡的“天梯”上坠入江中光荣牺牲了。

战士们强忍悲痛，经过半个多小时的顽强拼搏，终于爬上了梯子岩的顶端。民防团就守在陡岩顶端，他们做梦也没想到红军会从绝壁爬上来。整个防区空荡荡的，连个人影也没有，这些家伙早找地方躲雨睡大觉去了。

勇士们悄悄接近敌人的碉堡，见里面亮着一盏昏黄的油灯，再仔细一观察，一个懒散的敌哨兵正搂着枪在灯下打盹儿呢。几个战士破门而入，一刀就结果了他的性命。紧接着，战士们又摸到了敌人睡觉的地方，窗口、门口都把守住，乱枪齐发，手榴弹落地开花，许多敌人在睡梦中就归天了！几个来不及穿衣服的家伙刚要摸枪，就被勇士们一枪一个打倒在地。

战斗胜利结束了，民防团守敌无一漏网。梯子岩渡口的夺取，为红军大部队顺利通过乌江天险，提供了强有力的保证。

小夫子多多考考你

1. 战士们在夺取梯子岩渡口时，遇到了哪些困难？

____

____

2. 结合你对短文的理解，概括战士们取得战斗胜利的原因。

____

____

小夫子多多的读后感

敌人之所以如此轻敌，是因为梯子岩渡口的地势极其险要，然而出乎敌人意料的是，红军轻而易举地突破了敌人眼中的天险，如天降神兵，把敌人打得落花流水。我们从中感受到了红军战士顽强的毅力和勇敢无畏的精神。

渡江勇士

石鼓是金沙江上游的重要渡口。这里江面宽阔，水流湍急，地势险要。江对岸渡口有敌人把守着，岸边山脚下有敌人修筑的碉堡。

傍晚，红军前卫六师来到了江边，组成突击队，准备泅过水去消灭对岸敌人，夺取渡口。

夜里11点多钟，第一突击队出发了。组成突击队的战士都是水性娴熟的优秀党员和干部，每人装备一支短枪、七八颗手榴弹和一把马刀。

战士李松身材瘦小，本来突击队员名单上没有他，可是他以自己熟悉水性为由，死活缠着连长，终于被吸收为突击队员。他和其他突击队员一样，光着膀子，只穿一条短裤，静悄悄地下水了。虽然时已春天，但深夜的江水仍是凉飕飕的，越往河心，水流越急，浪头一个连着一个打来。小李紧跟在那些浮游自如的战士后面拼命地游着，可是连续的急行军已将他瘦小的身子耗得没有了力气。几个大浪冲来，他连着喝了几口水。这时游在他旁边的周连长见状，就泅近托住他的肩膀，与他一同向对岸游去。

> 采用补叙的手法交代了李松加入突击队的原因，很好地表现出了他的勇敢、积极。

老天作美，大雾在江面上扯起了幕帐，掩护着江中的勇士们顺利地接近敌人。渐渐地，江岸已经在望，越接近江对岸，越是不能出一点声音，战士们心中都很紧张。就在这时，只听“啊”的一声惊叫，小李掉进了一个漩涡里，急速旋转的江水带着他不停地打转，他拼命挣扎，可是漩涡的吸力很大。

这一声“啊”惊动了对岸的敌人，目标暴露了。敌人的轻重机枪子弹立刻从对岸射了过来，江心的水面上激起了密集的水涡，一道道火红色的弹道划过

雾层，从战士们身边、头上划过。周连长顾不得许多，和另一名战士一人抓住小李的一只手，猛力一拉，带着他向对岸游去。

敌人的子弹仍在疯狂地呼啸着，可是雾气很大，他们也是盲目地乱射给自己壮胆。江中的勇士们憋住气，一枪不还地向对岸游着……

渡江前的告别（雕塑）

一上岸，战士们立刻分成小组向敌人碉堡摸去。周连长带着小李上了岸，一松手，小李无力地倒了下去。周连长忙推了他几把，一点声息都没有，伸手一摸，头盖骨上一股湿流还冒着热气，一股腥气直冲鼻子，李松已壮烈牺牲了。周连长的心像针扎一样痛，他忍痛将小李身子放平，默默地敬了个礼，然后一把拔出腰间的手榴弹，向着喷射火舌的敌人碉堡猛扑过去……

小夫子多多考考你

1. 因连续行军已经疲惫不堪的小李，为什么要死活缠着连长参加突击队？这种做法表现了他怎样的特点？

____

____

2. 从周连长“一把拔出腰间的手榴弹，向着喷射火舌的敌人碉堡猛扑过去……”这一动作描写，你体会到了他怎样的心情？

____

____

小夫子多多的读后感

这篇文章读来真实可感，我想原因就在于它在描写叙述时前后统一。比如：深夜的“黑”与战士前行时的动作“摸”。这一点在我们以后的写作中要注意学习。

强渡大渡河

1935年5月，工农红军强渡川滇边界的金沙江，行军数百里后来到了四川南部的大渡河边。大渡河是长江的支流，两岸都是蜿蜒连绵的高山，河宽300多米，水深约10米。这里历来是兵家必争之地。为了粉碎敌人的阴谋，实现北上抗日的计划，红军必须渡过大渡河。强渡大渡河，消灭河对岸的敌人，这个光荣的任务就落在红一团全体同志身上。

> 环境描写点明了大渡河的战略重要性，也突出了渡河的困难。

渡河前，战士们做了周密的准备。经过侦察，战士们知道，敌人用了一个营的兵力把守渡口，战士们分析后决定选取安顺场为渡口。

已经是深夜10点多钟了，战士们冒雨行军一天一夜后，赶到了离安顺场十多里的大山坡。战士们困极了，一停下来，就倒下呼呼睡着了。这时指挥部接到命令：连夜偷袭安顺场守敌，夺取渡船过河！疲困的战士从滑溜的泥地上爬起来，继续行军。安顺场的守敌做梦也没有想到，红军来得这样快。“哪一部分的？”红军的尖兵排与敌人哨兵接触了，敌人误认为战士们是他们自己人。“我们是红军，缴枪不杀！”红军战士的吼声像春雷划破夜空。

经过30分钟的激烈战斗，红军占领了安顺场。

部队决定渡河过去，可现在一无船工，二无准备，还是没有法子过去，渡河决定推迟到第二天。好容易盼到天明。天气很好，瓦蓝的天空缀着朵朵白云，大渡河边的悬崖峭壁似乎也显得格外庄严，河水一个劲地冲击、咆哮，好像要把这大地吞下似的。敌人在对岸渡口周围筑了许多碉堡，企图在红军渡河登陆后，还没有站稳脚跟的时候，来个反冲锋，逼迫红军下水。

“先下手为强！”红军首长命令炮兵连。数挺重机枪放在有利的阵地上，轻机枪和特等射手也隐蔽地进入河岸阵地。

火力布置好了，可严重的问题还是渡河。战士们好不容易找到了十几个船工，船工答应把战士们送过河去。

战士们决定按时强渡。一营长孙继先带领十七位勇士。每人佩一把大刀，背一支冲锋枪，腰间插着一支短枪，带五六颗手榴弹，做好强渡的准备。

庄严的时刻来到了。十八位勇士分乘两批渡船，在我红一团强大火力掩护下，随着汹涌的水浪颠簸前进。

敌人急了，向红军的渡船猛烈开火。在这千钧一发的时刻，传来了团首长的喊声：“同志们！十万红军的生命，就在你们几个人身上。坚决地渡过去，消灭对岸的敌人！”勇士们听到党的召唤，更加奋不顾身，快速冲上去，手榴弹、机关枪一齐打过去，大刀在敌群中飞舞。守敌川军被打得溃不成军，狼狈逃窜。战士们完全控制了大渡河岸。

第二天上午，红军大部分顺利地渡过大渡河。十八勇士强渡大渡河的事迹永远被人们载入革命史册。

1. 联系上下文想一想，红军战士为什么能够神不知鬼不觉地突然出现在敌人面前？

______

______

2. 结合上下文理解“千钧一发”的含义，并用这个成语造句。

小夫子多多的读后感

面对滔滔的江水，面对敌人猛烈的阻击，十八位勇士义无反顾地冲向敌阵，他们早已把生死置之度外。支撑他们战斗的不仅仅是十万红军的命运，更是对革命胜利的强烈渴望。

小小资料箱

“长征”一词的来历

1935年5月，《中国工农红军布告》首次提出了“长征”一词。此前，中央红军从江西出发时的提法是“突围行动”和“长途行军”；遵义会议后则是提出“西征”。这张布告首次用了“红军万里长征”一语，“万里”是从瑞金算起的行程，“长征”则表现了红军渡过金沙江，摆脱了几十万敌军的围追堵截，变被动为主动后的振奋和自豪。“长征”一词很快就用开了。到陕北后，毛泽东在讲话中第一次提出了“二万五千里长征”的概念。

草帽计

课文再现

《草帽计》（北师大版五年级上册）一文讲述的是贺龙在长征时期，用智谋指挥部队，迷惑敌军，不发一枪一弹，让敌人自相残杀，从而取得战斗胜利的故事。故事赞扬了贺龙临危不乱、随机应变的聪明才智。

小夫子多多有话说

大家好！我是你们的小夫子多多。贺龙巧用“草帽计”使敌人自相残杀，使红军不发一枪一弹就取得了胜利，不仅在长征途中保存了红军实力，同时还争取了北上抗日的宝贵时间。让我们在惊险的战斗场面中，感受革命前辈的智慧和勇气。

课外链接

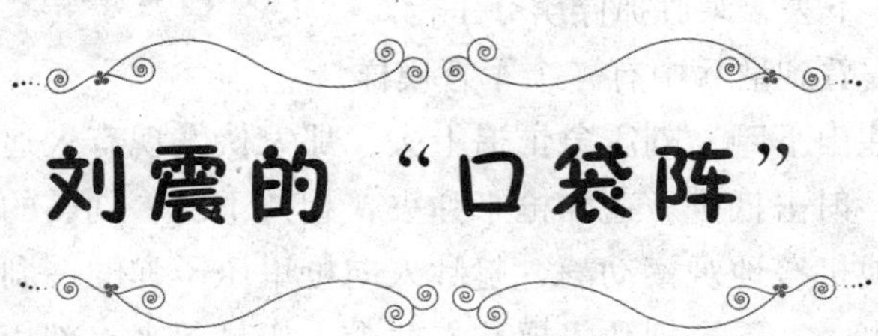

刘震的“口袋阵”

1935 年夏，敌军调动了30 多个团的兵力，分三路向活动在陕南的红二十五军围攻而来。只有3000 余人的红二十五军避实就虚，采取“先疲后

山区行军的红军

打”的方针，牵着敌人的鼻子，沿着湖北、陕西交界的崇山峻岭，从其中的漫川关一带返回陕南。他们把敌人拖得有气无力，为红军争取时机歼灭敌人创造了有利的条件。

红军路过漫川关附近时，与敌陕军警备第一旅相遇。红军虚晃一枪，又来了几天急行军，到达陕西省山阳县袁家沟一带。在这里，红军经过周密部署，布下“口袋阵”，单等敌人入网。并安排任某营政委的刘震和营长率领部队，执行在“口袋”中间拦腰切断敌人的任务。7月1日凌晨，部队进入袁家沟口埋伏起来。

这是一条长几十里的山沟。两旁山高入云，杂草丛生，栗树成林。沟心一条小路伴着一条小溪，蜿蜒而去。整个山沟真像一条长长的口袋，横在万山丛中。刘震等所率的全营的三个连，像三把锋利的钢刀，齐头展开，隐蔽在山林之中。

10点钟左右，敌人果然来了，有的倒扛着枪，有的敞着怀，有的边走边扇扇子，累得东倒西歪。敌军渐渐都进入了“口袋阵”。

11点，红军的冲锋号吹响了。红军战士个个如猛虎下山，扑向敌群。敌人被这突如其来的打击惊呆了，一阵大乱，有的从马上滚下来，有的四处乱窜，企图逃命。

> 通过生动的场面描写，再现了敌人狼狈的情景，也表现了红军战士的英勇善战。

刘震率三连冲到半山腰时，迎头遇上敌人的手枪队。战士们劈头盖脸就是一阵手榴弹，把敌人压了下去，乘胜抓俘虏夺手枪。

忽然，刘震看到散兵中有一个军官模样的敌人，拼命往山下跑。刘震急忙追上去，那家伙发现有人追击，就躲到一块大石头后面，射击抵抗。这样枪来弹去，相持不下。刘震的手枪里只剩下一发子弹了，他机警地观察动静，趁敌人向枪里压子弹的一刹那，“嗖嗖”几个箭步冲上去，一下子把敌人抓住。两个人扭打起来，刘震用尽全力把敌人摔倒，不料敌人扣动手枪扳机，一发子弹穿透了刘震左臂。正当刘震全身无力、难以支持的紧急关头，营里的掌旗兵赶到，用旗杆将敌人打倒。

战斗胜利结束了，敌人一个旅被全部歼灭，敌旅长被活捉。刘震只身奋

勇追歼逃敌的英雄事迹也在部队传开了。

1. 结合你对短文的理解，说说“口袋阵”是一种怎样的战术。

____

____

2. 刘震在生擒敌军旅长的过程中，表现出了哪些特点？

____

____

小夫子多多的读后感

面对敌人强大的攻势，红军不仅英勇善战，而且善于运用战略战术，从而以较少的兵力牵制敌人，并寻机重创敌人。看到钻进“口袋阵”狼狈不堪的敌人，我们忍不住拍手称快，也为红军指战员卓越的指挥才能感到自豪。

小小资料箱

红军第五次反“围剿”

1933年9月底，蒋介石集中一百万兵力，自任总司令，对中央革命根据地进行第五次大规模“围剿”。王明“左”倾冒险主义不顾敌强我弱的实际情况，调集红军主力同敌人“决战”，使部队遭受重大伤亡，中央革命根据地日益缩小。红军在根据地内粉碎敌人“围剿”的可能性已完全丧失，中央红军主力被迫实行战略转移，开始长征。

最难忘的一仗

郭佳仁1931年参加红军，曾担任毛主席的警卫员。提起昔日的辉煌，最令老人津津乐道的，还是毛主席亲自指挥的直罗镇战役。

红军刚过了腊子口，郭佳仁就被组织上调到毛主席身边担任警卫员。当时红军从甘南的哈达铺进至六盘山，接着向陕北进发，国民党的数万军队穷追不舍，特别是敌人先头部队牛元峰的那个师，一直尾随红军。牛元峰还扬言，即使消灭不了红军，也要把红军困死在陕北的沟岔里。为了把敌人挡在陕北之外，毛主席和党中央决定在陕北西端的吴起镇打一仗。

10月的陕北，疾风劲吹。毛主席在寒冷的窑洞里，度过了好几个不眠之夜，他身披一件旧军大衣，要么在地图前久久凝思，要么和周恩来、彭德怀等首长连续几个小时进行讨论，终于定下了锦囊妙计。一天东方发白时，毛主席挥笔写下了几道手令，让警卫员飞马送给各部队首长。按照计划，我军派出一小股部队一路假装“丢盔弃甲”诱惑敌军，牵着敌人的“牛鼻子”在沟岔间转悠，达到使敌人疲劳的目的后，我军主力在直罗镇伏击敌人。

暗堡

牛元峰果然中计，他率领一个师的兵力，如期进入我军的伏击圈。

一天下午，不远处传来震耳的爆炸声。“前面打起来啦！”郭佳仁和其他警卫人员纷纷跑到窑洞外面。毛主席也出来了，看着对面山沟里升起的烟幕，他高兴地说：“这下牛元峰可跑不了啰！”

傍晚的时候，枪声明显稀疏了，毛主席派郭佳仁迅速把一纸命令送给林彪军团长。郭佳仁下了沟，翻过一道梁，来到一处四面环山的深谷，发现战斗已经结束，红军战士们正在忙着打扫战场。极目望去，嗬，满沟都是俘虏和军械物资。在随同部队一起撤出战场时，郭佳仁发现路旁的草丛中有个毛茸茸的东西，捡起来一看，原来是一顶用兔毛做的棉帽子。夜里的寒风正紧，穿着夹衣的郭佳仁冻得直发抖，他顺手把帽子戴在头上，立刻感到温暖了许多。

> 通过场面描写，展示了我军辉煌的战果，一个“嗬”字也反映出郭佳仁兴奋的心情。

三天后，当郭佳仁回到毛主席身边时，这顶制作精细的帽子引起了大伙的注意，经过俘虏辨认，原来是敌人师长牛元峰的帽子，是这家伙在被击毙前仓皇逃窜时丢掉的。

小夫子多多考考你

1. 在直罗镇战役中，我军是采用了什么策略歼灭敌军的？

____

____

2. 作者在文末特意讲述牛元峰的兔毛帽子有何用意？

____

____

小夫子多多的读后感

本文是根据郭佳仁的回忆整理而成的。时隔多年，直罗镇战役的情景还清晰地浮现在郭佳仁的眼前。通过郭佳仁生动的回忆，我们不仅感受到了革命领袖运筹帷幄的聪明才干，也感受到了郭佳仁对往事的无限追忆，和对领袖毛主席的深情怀念。

小小资料箱

中国工农红军

中国工农红军是中国土地革命战争时期，中国共产党领导的人民军队，简称“红军”，是八路军、新四军的前身。1928年5月25日，中国共产党中央委员会决定，全国各地工农革命军正式定名为红军。1930年后，又逐渐改称中国工农红军。红军不断发展壮大，先后组成了第一方面军、第四方面军、第二方面军和西北红军等多支部队，建立了中央革命根据地和湘鄂西、鄂豫皖、琼崖、闽浙赣、湘鄂赣、湘赣、左右江、川陕、陕甘、湘鄂川黔等革命根据地，连续粉碎国民党军多次“围剿”和“清剿”。

军 神

课文再现

《军神》(江苏版三年级上册)一文通过记叙德国医生沃克为拒绝使用麻醉剂的刘伯承开刀摘除坏死的眼珠,刘伯承的表现堪称“军神”的故事,高度赞扬了刘伯承将军是一个真正的男子汉,他具有钢铁般的毅力和大无畏的革命精神。

小夫子多多有话说

同学们好,我是你们的小夫子多多。课文中刘伯承的表现,让我们真切感受到了革命前辈钢铁般的意志。正是这种坚强的意志让他们战胜了阻碍革命前进的种种困难。在迈向新中国的艰难历程中,我们有说不完的这样的人和故事:用火烧治疗脚伤的贺龙、为革命视死如归的方志敏……让我们在生动的故事中学习和继承老一辈革命家的崇高精神吧。

课外链接

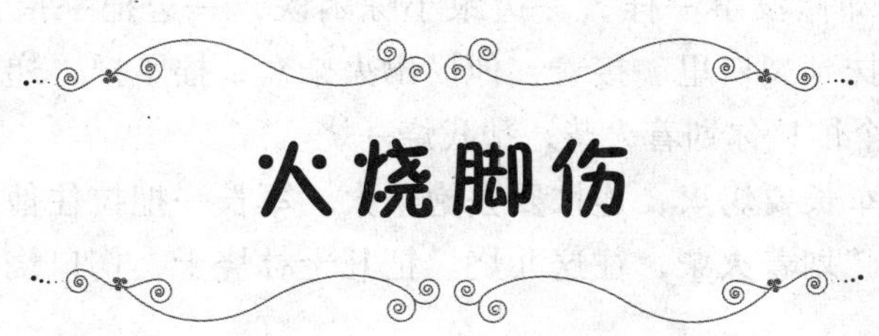

火烧脚伤

小红军陈文科给贺龙军长当勤务员不久,部队就开始长征了。

红军过雪山

那年冬天，部队在湘黔间的山区行军。山又高又陡，路又窄又滑。天总是阴沉沉的，云雾环绕，人马行动十分困难，每天都有冻伤和摔伤的人。

这天，部队正向一个陡峭的垭口缓缓地前进。贺军长走在陈文科前面，他拄着拐杖一步一跛地前进。小陈走近贺军长的警卫员，低声问道："军长的脚什么时候负伤了？"

"没有伤。"警卫员小声说，"贺军长的脚有毛病，冬天一挨冻，脚底便裂口、流血，每年都这样。"

好不容易到了宿营地，小陈立即给军长端去一盆热水，叫军长洗洗那双流血的脚。当他放下盆，转身要走时，贺军长却叫住了他："陈伢，莫忙走呀，给我帮个忙吧！"贺军长指着自己的挎包说："那里有个小盒子，里面有点凡士林，帮我找出来，我要治治这不争气的脚。"

小陈找到了装凡士林的小盒子，递给了军长。只见贺军长扳起自己的脚，用手指挖一点儿凡士林，抹在脚底的裂口里。到这时，小陈才看清，军长脚板上的裂口有一寸多长，至于多深就说不准了。裂口里一长溜鲜红的嫩肉，稍一触动，就直冒血。脚裂成这个样子，小陈简直不敢再看下去。

而贺军长却像没事一样，一边跟小陈闲谈，一边把手指上的凡士林一点儿一点儿地抹到裂口里。接着，他摸出火柴盒，摇了摇，递到小陈手中，说："来，帮个忙！你划着火柴，帮我烧一烧。"

小陈以为军长要烤火，连忙要去抱柴火。军长一把拉住他，指着自己脚上的伤口说："划着火柴，往这儿烧。把凡士林烧干，伤口烧平，就不会流血了。"

小陈明白了，不禁吸了口气，用火烧露在裂口外的嫩肉，这不疼死人吗？他又怎么下得去手啊？可是贺军长却催促说："快烧！这个土办法很顶

事。”

小陈拿火柴的手，不禁颤抖起来，划了几次火柴，都划不着。军长接过他手中的火柴，一下子就划着了，把正燃烧的火柴递给他，说：“快！靠近伤口，我自己不顺手，你帮我烧一烧。”

小陈接过正燃烧的火柴，哆哆嗦嗦地移近军长脚板的裂口。涂了凡士林的伤口，一碰到火苗，凡士林马上就化了，伤口发出“嗞嗞”的声音。小陈本能地一缩手，火柴灭了。紧接着，军长又把点着的第二根火柴递过来，接着第三根、第四根，一根接一根地烧，直到烧得伤口的嫩肉都焦了，军长才拍拍小陈的肩膀，满意地说：“这才行了，蛮可以对付一阵子。”

小陈如释重负，站起身来，他抬头一看，贺军长已满头大汗，脸色发白，汗珠不断地顺着下巴往下掉。看了这种情景，小陈鼻子直发酸，泪花在眼眶里直打转，我们的军长啊，他忍受了多么大的痛苦啊！

> 通过神态描写再现了贺军长疼痛的情形，再一次突出了他的坚强。

帮军长烧伤口，过一段时间就得来一次。用完了凡士林，便抹点猪油，连猪油都找不到时，只好干烧。每烧一次，军长都是满头大汗，有好几次脸色发白，但军长从来也没有哼过一声。

1. 文中多处描写小陈紧张的心情，有何作用？

____

____

2. “每烧一次，军长都是满头大汗，有好几次脸色发白，但军长从来也没有哼过一声。”你从这句话里体会到贺军长的什么特点？

____

____

小夫子多多的读后感

在缺少药物的情况下，贺龙军长只好用火烧伤口的方法对付病脚，从他满头大汗的情景，可以想象他承受了怎样的疼痛。通过这件事情，我们不仅感受到了革命前辈无比坚强的性格，也体会到了战争时期生活的艰难。

挑血泡

1934年秋，红军中央机关和红一方面军离开了瑞金，踏上漫漫的二万五千里长征。

这一天，中央机关的队伍早已赶到了前面，而周恩来副主席的警卫战士小丁却一瘸一拐地落在了后面。早晨刚出发时，小丁还活蹦乱跳地跑前跑后，义务帮助做些宣传工作。可是到了中午，他的右脚就不听使唤了，火辣辣地痛。现在就更糟糕了，脚一沾地就是一阵钻心的刺痛。小丁只好咬着牙，一瘸一拐地向前赶。

到了宿营地，趁周副主席去开会，其他警卫战士都睡下了，小丁偷偷脱下草鞋一看。哎哟！右脚的脚底板上起了两个核桃般大小的血泡。这可糟了，明天可怎么走啊？小丁心里一急，眼泪就掉了下来。

这事可不能让周副主席知道，不然自己一定会被周副主席强迫休息，那不成了拖后腿的“伤兵”了？想到这儿，小丁抹了把泪水，咬紧牙又把草鞋穿上了。

周副主席开完会回来了，小丁忙端来一盆热水，请副主席洗脸。周副主席却摆摆手，关切地问小丁：“白天走了这么长的路，累不累呀？”

“不累！”小丁回答得很干脆。

“脚上打泡了没有？”

“没……有……”小丁支吾了。“没有？”周副主席看了看小丁的脚，追问道，“那走路怎么一瘸一拐的？不许打埋伏，脱鞋让我检查一下。”

实在拗不过了，小丁只好脱下了草鞋。看到两个大血泡，周副主席将小丁按在座位上，又端过那盆热水，不由分说将小丁的双脚按进热水里，这才对小丁说：“不要紧！用热水烫烫脚，用针把血泡挑开，让脓血流出来，再上点药，明天又可以蹦跳自如了。”

烫好脚，周副主席取出一根针要给小丁挑血泡。小丁一见慌了神，赶忙缩回脚说：“副主席，让我自己来吧！怎么能让您干呢？”

周副主席却深情地看着小丁说：“我们都是革命同志，就应该互相帮助嘛！你能给我打洗脸水，我为什么不能为你挑血泡呢？来吧，又不是大姑娘，有什么不好意思的？”

> 动作、神态、语言描写生动形象地再现了周恩来为小丁挑血泡的场景，将周恩来对下属的关爱表现得淋漓尽致。

说完，周副主席划着火柴，右手将针放在火苗上烤了烤，然后轻轻用左手托起小丁的脚，小心地去挑血泡。一边挑，一边关切地询问：“怎么样？痛不痛？”

小丁再也忍不住了，眼泪又一次滚了下来。一天行军的疲劳和酸痛一下全没了，只觉得心里像点燃了一团火。这一根小小的银针，把领袖对战士深深的关怀和情谊一直送到小丁的心底。

1. 周副主席是怎样发现小丁脚上的血泡的？从这里可以看出周副主席的什么特点？

____

____

2. “这一根小小的银针，把领袖对战士深深的关怀和情谊一直送到小丁的心底”一句，应该怎样理解？

____

____

小夫子多多的读后感

读着读着，我不禁想我们敬爱的周总理要做多少事啊，除了工作上的事情，还要细心地关心每一个人。也许正是这一点才让他赢得了整个世界的尊敬。

贺龙二救警卫员

1931 年4 月，贺龙率领红三军经过兴山时带走一名年仅十三四岁的男孩，他就是后来当了贺老总警卫员的张昌华。

1935 年11 月，贺龙率领部队从桑植出发开始了长征。部队日夜行军，极为艰苦。部队到达芷江竹坪铺时，恰逢春节，贺龙命令部队就地驻扎过春节。夜晚，战士们分别到老乡家宿营，贺龙和警卫连住进了刚攻下的地主的宅院。

半夜里，贺龙被一阵密集的枪声惊醒，他急忙提起双枪跑到楼下。警卫连已和敌人交火，贺龙边还击边指挥撤退。撤至后院时，他听到前院仍枪声不断，猛然想起睡在楼上的张昌华还没有撤出。“快，三排跟我去救张昌华！”说完，贺龙带头冲向前院。这时，张昌华正被敌人火力死死压在楼门口不能动弹。

通过动作描写再现了贺老总营救警卫员的情景，表现了他勇敢无畏的精神。

贺老总见状，命令三排立即向左运动，把敌人火力引开，他趁机冲进楼门，一把拽过张昌华迅速撤出。紧接着，贺老总带领警卫连又从后院冲出重围，然后会合大部队，甩脱了敌人的追击。

途中休息时，小张耷拉着脑袋，怏怏地走到贺龙身边说："老总，昨天都怪我睡得太死了，险些让您……"说着说着竟然哭了起来。贺龙拍了拍他的肩膀，笑着说："小鬼，红军可是不兴哭鼻子的哟。你上次救过我，我可没哭哟。"说得张昌华破涕为笑。

1936年9月，队伍进入草地。由于粮食带得少，不久就吃光了。有时战士们连野菜、树皮也难以吃上。由于生活条件艰苦，不少同志得了疾病，有的同志走着走着就倒下了。贺龙同战士们一样，身体一天不如一天。张昌华作为贺龙的警卫员真是看在眼里，急在心里。

一天晚上，张昌华趁贺龙睡熟后，悄悄牵过贺龙的枣红马离开了营地，他想给首长打几只野羊补补身子。他在草地上骑着马找啊找啊，到了后半夜也没见到野羊的影子。由于小张的身体太弱了，他一头从马背上栽了下来，昏倒在地上。枣红马围着他转圈圈，抬起前蹄嘶叫，直到天亮，才奔回营地。

草地

清晨，贺龙起来发现不见了张昌华，正在纳闷时，听见远处传来枣红马的嘶叫声，抬头看见枣红马正向营地奔来，直觉告诉他张昌华出事了。他迅速提起枪，翻身上马。枣红马驮着贺龙跑到张昌华昏倒的地方。贺老总飞身下马，一摸，小张还有呼吸，便立即把他抱上马鞍，飞快地返回营地。经抢救，张昌华终于脱离了危险。醒了之后，见到贺老总，眼泪又掉下来了。贺老总幽默地说："这小鬼，当个演员保证合适。"大伙儿都笑了，张昌华也笑了，但脸上还有泪珠呢。

1. 警卫员张昌华从马背上栽下来的原因是什么？你从中体会到了什么？

2. 从警卫员张昌华的两次流泪，你体会到了他怎样的心理？

小夫子多多的读后感

指挥千军万马的贺老总，虽然军务繁忙，责任重大，仍然对身边的战士这么细心和负责，从他两次营救警卫员的行动中，我们感受到了革命前辈关心、爱护战士的高尚情怀，也感受到了革命同志之间的深厚情谊。

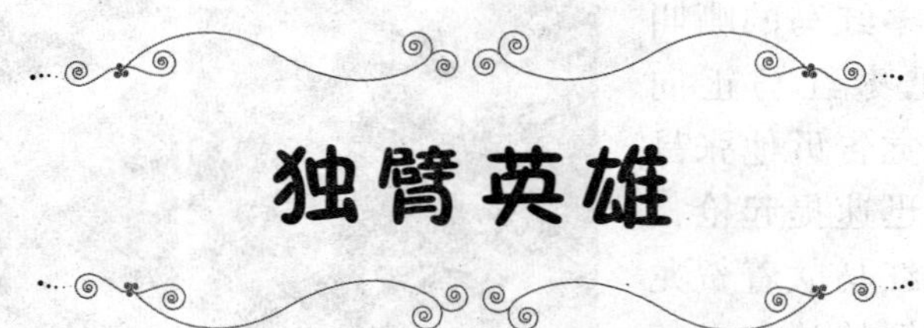

独臂英雄

1934年10月，刘正明被任命为团特派员，分配到第一后方医院，跟随部队医院，开始了举世闻名的二万五千里长征。

刘正明是一位年仅二十多岁的红军战士，在一次激烈的战斗中，他为了

掩护首长和战友们而痛失右臂。在长征中，院部命令刘正明带五名战士承担纪律检查、收容掉队伤员等工作。

由于连续长途行军，刘正明的身体一天天垮下来。在从土城回遵义的路上，他经常感到头晕目眩，浑身无力，两条腿软绵绵的。可他一声不吭，咬牙坚持着。然而，在部队抢渡大场圩河时，他突然昏倒在地。医生一检查，发现他得了急性肺炎转伤寒病。于是，战友们就找了副担架想抬着他前进。

刘正明是做收容工作的，他知道部队处境艰难，许多同志生了病也不肯坐担架，所以硬是从担架上挣脱下来，折了根树枝拄着，让勤务员小黎扶着他，一步步艰难地行走在队伍中。

一天，部队快到花田村时，收容队指导员马树良找到他商量："今夜部队要急行军五十多公里，上级决定，不能走的同志寄住在群众家里。寄住的同志，每人发给一支枪，二十五元生活费。首长考虑到你的身体状况，决定让你也寄住。"

刘正明听了心里很难过，他实在舍不得离开部队。自从参军那天起，他就下定决心：生为红军人，死为红军鬼！但是现在这种情况，强逞必定要拖部队后腿。于是，他把身上的小行李包交给指导员说："马指导员，拜托把我的行李带上，三天之后没见我赶上拿行李，就随便处理掉……"

部队急行军出发了。刘正明咬紧牙关，握紧拐杖，摇摇晃晃跟在队伍后面。开始，他还跟着走了十多公里，可走着走着就掉队了，两条腿不听使唤，站立都非常困难。空荡荡的山路上，只有他一个人，四周漆黑一团，刘正明摸摸手枪，里面还有五发子弹。他想，一旦遇到敌人，就跟他们拼命，死也不能当俘虏。实在站不住了，他就跪在地上，用手扒着地一点点艰难地往前挪动。山路上到处布满了尖尖的小石子，他的膝盖很快被磨破了，开始感到钻心地疼痛，渐渐变得麻木了……遇到下坡，他就干脆滚下去。就这样，靠着惊人的毅力，在第二天傍晚，他终于追上了红军大部队。

1935年10月，刘正明跟随红一方面军长征到达了延安。他身残志坚、不怕任何艰难困苦，一心跟党走、拼死也要追上红军部队的模范行动，受到军委高度赞扬。1936

为了赶上部队，他竟然这样"虐待"自己，这是怎样的一种精神啊！没有对革命的坚定信念，没有对革命到底的执著追求是绝不会这样的。

年，他被授予“模范特派员”的光荣称号。

小夫子多多考考你

1.刘正明为什么舍不得离开部队？

______

______

2.读了这篇故事，你觉得刘正明是一个什么样的人？

______

______

小夫子多多的读后感

“他身残志坚、不怕任何艰难困苦”，他“一心跟党走、拼死也要追上红军部队”，他理应受到军委的高度赞扬，他也应得到今天的我们的尊敬。我们更应该向他学习：学习他的精神，学习他的行动。

丰碑

课文再现

《丰碑》（人教版五年级下册）一文讲述了红军长征途中，身为军需处长的老红军，却因衣着破旧、单薄，而被冻死在风雪中的感人故事。故事赞扬了军需处长毫不利己、专门利人的崇高精神。

小夫子·多多有话说

大家好！我是你们的小夫子多多。相信大家一定了解，长征途中的艰苦程度是常人难以想象的。除了受到饥饿、寒冷、疲劳、疾病的困扰之外，还时常遭遇泥潭、毒气等看不见的杀手，但在困难面前，战士们总是为他人着想。那些感人的场景总令我们难以忘怀……

课外链接

一口行军锅的故事

长征出发时，我们团部炊事班用的是一个铸铁的锅。

那是一个死沉死沉的黑锅。烧水、炒菜、做饭，我们都用它。队伍要出发了，谁来背这个锅就成了问题。我们的炊事班总共五个人，挑粮食炊具都有人干，锅却是谁也不愿意背。不知是谁想出个办法，谁表现不好，谁就

“背黑锅”。特务连表现差的，被罚背三天“黑锅”。刚开始，还有表现差的，走了一个多月后，就没有了。——这就全靠我们炊事班了。我们这五个人，谁去背呢？大家都说，那就是大郭了！

大郭其实不大，那年也就25岁，全名叫郭春花。她是两年前参加红军的，丈夫被白匪杀了，她就跑到了队伍上。她个子大，说话嗓门大，走路动静大，干活动作大。还有个特点，就是不会说好听的，经常是正话反说，惹别人不高兴，所以常和人吵架拌嘴。

那天，她洗菜时把一个盆摔了，我说：“大郭，今天你背锅。”她不高兴，梗着脖子说：“班长，你欺负我。”

我说：“怎么是欺负你？谁做错事谁背锅。我做错了事我背。”

第二天早起出发时，大郭谁都不理，自己背上锅走了。

有一天，我们刚刚上路，就下起雨来，大家正在骂天气的时候，她把锅顶到头上当了雨伞。一会儿突然下起雹子，砸在锅上，叮当作响。我们东躲西藏，她却很是得意地唱起了小曲儿……

当我们走到贵州桐梓时，路上突然碰到了情况。敌人从两边包抄过来。我们边打边退。忽然，只听“当”的一声。就听郭春花大叫：“妈呀！”连锅带人倒在了地上。

我想完了，她一定是……谁知过了一会儿，锅在动。她起来了！她拍拍身上的土，把锅卸下来。我忙过去看，她却还是大大咧咧的样子，说：“吓了一跳，你们不愿意背这锅。嘿，它还救了我一命。”

再看那锅，被弹片崩了一个大窟窿。由于是铸铁的，已经裂了两道纹，根本不能再用了。

到宿营地可麻烦了，没有了锅，水没法烧，饭没法做。团长发了火，非要给她一个处分。

她被叫去谈话。回来后一言不发。我知道她不是故意破坏的，就去安慰她，她却说：“你不用跟我说，就是你们叫我背黑锅的！”她那口气，那眼神，分明是一种不被信任的委屈。

第二天我们到了一个很大的村庄，打了一个土豪。别人在忙着分东西，我和郭春花却直奔了那家的伙房。她拿起铲子就撬下了蒸锅。这个锅是铜的。锅沿还闪闪发光。我说，这下可好了，谁也不用背黑锅了！于是郭春花背上这口铜锅继续行军。

路越走越艰难了。连续一个多月，天上有敌人的飞机，地上有敌人的追兵，我们的体质也严重下降。

那天，郭春花和副班长走在前面，我们离他们也就一里多路。忽然敌人的飞机来了，在我们前进的路上丢下了不少炸弹。躲过飞机，我们又匆匆赶路。当我们赶上他们时，我看到了一个永远也无法忘记的场景——山路被敌人的飞机炸了许多大大小小的弹坑，来不及躲避的战友被炸得身首异处……

我找到了郭春花和副班长。副班长已经牺牲，郭春花仰面朝天，胸前流着血。看见我过来，她喘了两口气，说："班长，锅没有事……"

> 郭春花牺牲前的交代，表达了她对革命事业的无限忠诚。

我明白了，她是用自己的身体护住了我们的那口锅呀！我赶忙解下了她身下的锅，黄色的锅沿上染满了鲜血……

我抱起她说："春花，大郭，你要挺住，卫生员！卫生员！"

还没有等卫生员上来，大郭的手一垂，再也没有反应……

小夫子多多考考你

1. 结合上下文，说说郭春花被大家称为"大郭"的原因。

____

____

2. 阅读全文，用简练的语言概括郭春花这个人物的特点。

____

____

小夫子多多的读后感

通过黑锅被打坏这件事情，郭春花深深地认识到了自己肩负的责任。所以有了一个铜锅之后，背锅就成了她义不容辞的责任，于是，在敌机轰炸时候，她用生命保护了珍贵的铜锅。郭春花用自己的生命书写了对革命事业的无比忠诚。

小董过雪山

小董是个红军女战士，1935年随红军长征来到金沙江的时候，她才13岁。在金沙江畔，远远地就能看到一座很白很白的山。有人说这是棉花山，有人说是雪山，也有人说是白糖山。走近了一看，原来是一座好高好高的大雪山！

小董她们这些小兵可高兴啦！当时正是阴历四五月，穿单衣都热，看到山上全是雪，她们想：到了山上去凉快凉快，那多舒服呀！

> 上山前的好奇心理，与后文上山时的艰辛形成鲜明对比，突出了雪山环境的凶险。

登山前，每人除了粮食外，还发了几个小辣椒。小董她们怕辣，不愿意带辣椒。当地的一位干部告诉她们："上到雪山后，不能到处乱看，后面的人只能看前面人的脚后跟儿；实在感到发冷，就嚼一口辣椒增加点儿热度……"

第二天，部队向雪山进发了。到了雪山底下，有一条小河。因为河水是从雪山上流下来的，泡着很厚的树叶和杂草，所以水的颜色是黄的。当地人说这是"仙人茶"，可是，喝下去却是又苦又臭。

上山了。向导让每个人用毛巾把头包起来，只留下眼睛看路。开始，天气还很热，大家的兴致很高，都想早一点爬到山顶，看看是什么样子。走到半山腰，开始起风了，冷风瑟瑟，草黄枝枯，像秋天一样；再往上走，太阳就没了，雪花飘飘，满山银白，积雪不知有多厚，就像进了冬天一样。山上高低不平，雪洞很多，一不小心，掉到雪洞里，就很难救出来。不知是哪个单位的一个男同志摔到雪洞里去，大家费很大力气，才把他拉出来，他的手脚和脸都被冰块扎得鲜血淋淋了。

快走到山顶的时候，云彩不知什么时候落到脚面下去了。雪下得更大，还夹杂着李子那样大的冰雹。山上没有树，也没有草，雪光刺得人睁不开眼睛……越往上走越难受，小董只觉得头昏眼花，呼吸困难，身体发软，一阵阵

恶心想吐。她真想坐下来休息一下，但向导的话响在耳畔："多累也不能坐下去，坐下去就起不来了！"

爬到山顶上，空气更稀薄了，炊事员郭大叔，平时可喜欢小董了，他背着一口大铁锅，在山上走着走着就倒在雪地里了，临死双手还死死地抓着锅沿儿……

小董哭了。可是，当时部队不许停下，大家把老郭抬到一边，放在稍背风的地方，就继续前进了。山上的风，"嘶——嘶——"地狂叫着，把地上的雪卷起来和天上正下着的雪搅在一起，如同大海里的波浪，一个漩涡一个漩涡地卷动着。由于大家穿的都是单衣，有的同志还光着脚，雪打到脸上、身上，像铁沙子打得那样疼。头上好像带着一个大酒篓一样，头重，脚轻，身子直摇晃。军团的一位首长在风雪中使劲拉着小董，边走边吓唬她说："小鬼，好好走哇！不能坐下，一坐下可就要在这'天国'里'成仙'啦！"

到了山顶，谁也不敢停，歪歪倒倒一个劲儿往下走。很多人在积雪很厚的雪坡上陆续往下溜，一溜就是几十丈远。小董一见，如释重负，往地上一坐就跟着人们溜了下去……

下到半山腰，大家的头才慢慢地轻松了些，呼吸也渐渐地均匀起来。

13岁的红军女战士小董，凭着自己坚强的意志，随着大部队，胜利地翻越了一座又一座大雪山……

1. 红军翻越雪山面临着哪些困难？

____

____

2. 请指出下面句子中用到的修辞手法，并简要分析其作用。

山上的风，"嘶——嘶——"地狂叫着，把地上的雪卷起来和天上正下着的雪搅在一起，如同大海里的波浪，一个漩涡一个漩涡地卷动着。

____

____

小夫子多多的读后感

在山脚下还充满期待的战士们，一到山上就见识到了雪山的厉害，雪山上恶劣的气候条件，不仅考验着战士们的体力，更考验着战士们的意志。令人欣慰的是，小董在前辈们的鼓励下，逐渐成长为一个坚强的战士。

九个炊事员

红军长征时期，我军某连里共有九个炊事员。

那时候，天天行军打仗，上级为了减轻炊事员的负担，规定每人只准挑20公斤粮食，可是，他们却偷偷地把粮食藏在铜锅里，每人都挑六七十斤。行军路上，他们有说有笑，没有一个人喊苦叫累，走得高兴了，还打着哨子飞跑，就像肩上没有六七十斤重的负担一样。

可是，炊事班在行军中是最辛苦的。中途部队休息，他们要烧开水给战士们喝；宿营时，他们又要安锅灶、劈柴火、洗菜、煮饭，很少有空闲的时候，每夜只睡两三个小时。

部队进入广西之后，由于当地人烟稀少，粮食供应有了困难，这就更加重了炊事班的负担。他们经常翻山越岭，去弄粮食。这里的粮食，多数是谷子，谷子必须碾掉皮才能吃。有一次，他们弄到了一个碾谷子的石磨，班长怕以后找不到石磨，便买下了它。于是炊事员背上又增加了这70公斤重的笨家伙。

不久，部队在山上阻击敌人，他们连坚守在前沿阵地上。炊事班被隔在后面，几次派人送饭都被敌人打回来。战士们一天一夜没吃饭了，副班长急

阻击敌人

得团团转，最后，他决定再和老王送一次饭。他把饭背在身上，就跟老王走了。大伙儿在山头上看着他们，只见老王在前，副班长在后，飞快地从敌人的封锁线上爬过去。大家正想拍手叫好，敌人的机枪响了，老王栽倒了，紧接着副班长也倒下了。司务长和战士们很难过，都认为他俩牺牲了。谁知到了半夜，他俩又回来了。原来他们是为了欺骗敌人才故意倒下的，他们靠自己的机警，终于把饭送到了阵地，保证了战斗的胜利。

一出贵州，炊事班长老钱就闹眼病，两眼通红，肿得像个桃，但他还是挑着40 公斤的担子，拄着棍子跟部队走，开始只是淌泪，后来流起了黄水。可他还是不闲着，总要找点活干。

过雪山时，由于过分劳累，有两个炊事员倒下了，再也没起来。

到了毛儿盖（在四川省境内），部队休整了一段时间。在这里，每人准备了10 天的干粮，炊事班还多准备了一些青稞麦。进入草地后，战士们走烂泥地，脚都泡坏了，炊事班长请示司务长烧开水给战士们烫脚，司务长觉得炊事班战士已经够辛苦了，没有同意。可一到宿营地，炊事班就把洗脚水烧好了。战士们都称赞炊事班工作做得好，关心战士身体。但是，境况越来越艰难。一天早上，一个炊事员挑着铜锅在前面走，忽然身子一歪，倒了下去，牺牲了。第二个炊事员走上去，眼里流着泪，拾起铜锅又挑着走。正午，大雨倾盆，部队停下休息，炊事班赶紧支起锅，烧姜汤给战士们解寒。汤烧开了，刚才挑锅的炊事员刚把一碗姜汤递给战士，便栽倒在地，停止了呼吸。仅半天工夫，牺牲了两名同志，战士们伤心极了。

晚上宿营时，连长要给炊事班补充几个战士。这事让炊事员知道了，他们推举班长去见连长。炊事班长对连长说：“连长，绝不能在连里抽人，影响部队的战斗力；牺牲同志的担子，我们担得起！”连长考虑了一下，觉得有道理。连队也只剩三十多人，实在不能往炊事班里调了。后半夜，老钱偷偷爬起来，为同志们烧水，司务长知道他正发高烧，要他休息，但他怎么也不肯。于是司务长便起来帮助他。水烧开了，可老钱，这位炊事班长却倒在锅灶前。灶膛里火光熊熊，钱班长的身子却渐渐变冷了。

炊事员们醒了，连首长、战士们都来了，大家呼唤着他的名字，沉痛地淌着眼泪。

第二天，铜锅又背在了另一个炊事员的肩上，继续前进。每天宿营，部队还是照常有开水和温暖的洗脚水。

部队到达陕北时，那口铜锅担在了司务长的肩上。连长看见了，低下了头；战士们看见了，都流出了眼泪。司务长呢？眼泪早就干了。大家嘴里不说，心里都知道，九个任劳任怨的炊事员，全部都牺牲了。

在艰苦的长征途中，连里的战士，除了战斗减员外，没有一个因饥饿而牺牲。战士们从心底感谢炊事班的战士们。

1. 为什么说炊事班的战士在行军中是最辛苦的？

____

____

2. 请找出一个最令你感动的情节，谈谈自己的感受。

____

____

小夫子多多的读后感

为了把同志们的身体照顾得更好，炊事班的九名战士日夜操劳，有两名战士牺牲在自己的岗位上。炊事班拒绝了连长补充人员的提议，因为他们知道，保持部队的战斗力更加重要。他们无私奉献、以大局为重的崇高品质，值得我们继承和发扬。

菩萨兵

课文再现

《菩萨兵》（苏教版三年级下册）一课讲述了在长征途中，朱德总司令带领红军战士帮助藏族同胞春耕春种，以实际行动消除了藏族同胞对红军的误解，并赢得了藏族同胞的信任与感激。故事体现了红军关心人民，以人民为亲人的崇高品质。

小夫子多多有话说

大家好！我是你们的小夫子多多。通过《菩萨兵》一文，我们深深体会到了红军服务人民的伟大宗旨，在这个宗旨的指导下，战士们关心人民、帮助人民，和全国各族人民结下了深厚的情谊。一段段反映军民鱼水情深的佳话，也在群众中间广泛流传——

课外链接

无名红军

小径蜿蜒盘旋，时隐时现，悬挂于崇山峻岭间，如随风乱舞的绸缎。他气喘吁吁，艰难前行。

几天的长途跋涉，他早已是饥肠辘辘。

他停下脚步，举目远望。原本无神的眼睛，却突然一亮。

生动的神态描写，反映出无名红军发现木屋时的惊喜心情。

在前面不远的地方，有一座孤零零的木屋。

他将斜拖着的枪支挎好，整整行装，抖起精神，警惕地朝木屋走去。

门虚掩着。他拍拍门，连续叫了几声“老乡”，无人应答。

他迟疑着推门而进。满屋的饭菜香味扑鼻而来，沁人心脾。他强咽唾液，发现满满的一桌饭菜，摆在木屋的中间。他明白，木屋的人发现了他这个带枪的兵，刚烧好饭菜，还没来得及吃，便躲了起来。

他哑然一笑，磨蹭着走向饭桌。他拿起筷子，手颤巍巍地伸向菜盘。

突然，仿佛中了定身法，就在筷子触碰菜盘之时，他的手瞬间停住了。

连长说：我们所经过的地方，是少数民族居住地。国民党曾在这里大肆造谣，说我们“共产共妻”，这里的民众对我们误解很深，大家要注意严守纪律……

他想起了连长，那个高高大大的东北汉子，那个三天前在那场残酷的掩护战中被敌人机枪扫射了二十多个枪眼的硬汉子！

两滴眼泪“吧嗒”掉下。他扔下手中的筷子，摸出一颗闪闪发亮的五角星，端正地放在饭桌上，尔后恋恋不舍地走出了木屋。

夕阳西下。迷雾飘来，群山朦朦胧胧。

他顺手摘下几片树叶，塞进嘴里，便传出“嘎吱嘎吱”的咀嚼声。他挎好枪，整整行装，抖起精神，沿着曲折的小径，艰难前行。

约莫20分钟后，他途经一处悬崖峭壁，眼前一黑，便如腾云驾雾般地滚落谷底。

他是一名失散的红军。名字，自然无人知晓。

三天后，一队红军打这经过。那座孤零零的木屋前，早已站了几位穿着瑶族服饰的男女老少。从木屋里飘出的缕缕

瑶族林寨

炊烟，袅袅娜娜地在群山间徘徊……

1. 是什么原因让无名红军缩回了伸向菜盘的手？

2. 最后一段，穿着瑶族服饰的男女老少站在木屋前干什么？他们为什么要这样做？

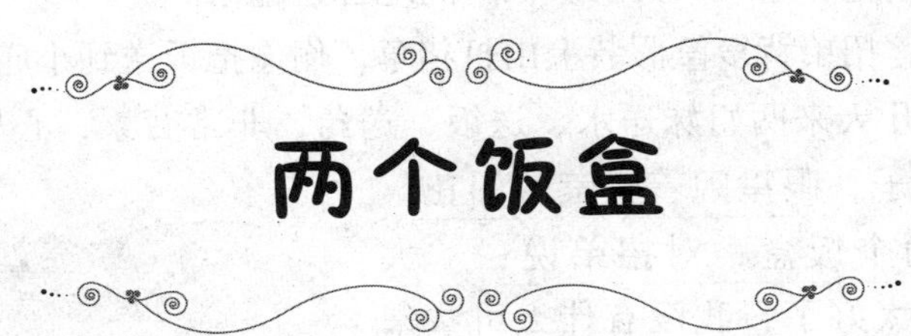

为了消除少数民族群众对红军的误解，为了连长生前的叮嘱，无名红军宁愿选择饿死，也不动群众的饭菜，这是多么严明的纪律！这是多么崇高的境界！他虽然牺牲了，却把红军光辉的形象留在了瑶族人民的心中，这又是多么令人欣慰的事情啊！

两个饭盒

红军长征进入云南的第一仗，旗开得胜，打跑了据守在白龙山的国民党部队，来到了山腰的湾子头。过去骑在老百姓头上作威作福的伪乡长跑了，红军们把伪乡长家里的衣物粮食拿出来，分给了吃不饱穿不暖的穷人们。小姑娘招弟家也住了几个红军战士。红军战士们说话和气，纪律严明，可好呢！

第二天清晨红军就出发了。招弟和一个小姐妹把红军送出好远好远，才恋恋不舍地沿着山路走回来。在一个山角处，两人突然听到丛林里有很弱很弱的呻吟声。顺着声音找去，她们发现在山角的一个煤洞里躺着一个浑身是血的人。招弟吓了一跳，再仔细一看，见这个人穿着一身灰布军装，衣领上有红领章，八角帽上缀着一颗红五角星。这不是红军吗？而且，这个红军战士年龄很小，看上去也就十五六岁。

由于伤势过重，流血过多，这名小红军脸色苍白，神志已经不清。招弟忙叫过小姐妹，两人扶起他，打算背回家去救治；可又一想，红军走了，伪乡长和白狗子们肯定很快就会回来，这小战士要是被他们发现，准遭毒手。两人商量了一下，小心翼翼地背起伤员，穿过一片竹林，把他送到了一个僻静的小庙里。

在小庙里，小红军苏醒过来，讲述了自己负伤的经过。原来，昨晚红军从左路迂回包抄敌人，冲锋的时候他负了伤，只好忍着剧痛匍匐前进，不幸跌到煤洞里昏了过去，因而与部队失去了联系。

招弟一边安慰小战士，一边让小姐妹看着他，自己跑回村，抱来了蓑衣和秧被（解放前西南少数民族的穷人用晒干的秧草编织成的被子），把他安顿舒服，又跑回家煮了稀饭喂他吃。

几天里，招弟和那个小姐妹轮流给这个小红军送水送饭，并带来一些草药，为他洗擦伤口……

不幸的是，由于条件太差，伤口未能得到及时的救治，小红军的身体越来越弱了，渐渐地，他一次又一次长时间地昏迷起来。

这天晚上，招弟背箩筐假装上山打猪草，偷偷把饭送到小庙里。

小红军见几天来两姐妹送水、送饭、送药，非常劳累，心里很感激。他艰难地撑起身子，眼里闪着莹莹的泪花，从身上摸出两个饭盒，对招弟说：“大姐，你们对我太好了，我没有什么可拿来感谢你们，只有这两个饭盒，是从江西带来的，你们留下做个纪念吧！红军……一定会打回来的……革命……一定……胜

> 通过语言描写，表达了小红军对招弟的感激之情，和革命必胜的坚定信念。

军用饭盒

利……”他吃力地说着，声音渐渐地弱了，只有嘴唇还在微微翕动着，好像还有什么话没有说完。旁边的小姐妹满含泪水，急促地呼唤着：“红军哥哥，你醒醒，你醒醒呀！……”可是，小红军合上了双眼，再也不能答应她们了。

深夜，招弟从村里找来两位大叔，帮忙在小庙旁挖个坑，掩埋了小红军烈士的遗体。

在后来的许多年里，即使在白色恐怖最严重的时期，招弟也精心收藏着小红军烈士留给她的饭盒。看到饭盒，她就想起了红军。漫漫长夜里，招弟和所有穷人们，都盼着红军早日打回来！

小夫子多多考考你

1.是什么原因激发了招弟对红军的热爱和敬仰之情？

2.在此后的很多年里，招弟为什么一直收藏着小红军烈士留给她的饭盒？

小夫子多多的读后感

红军严明的军纪和光辉的形象，在招弟的心中深深扎下了根，她把对红军的拥护和敬仰，倾注于对小红军的救助上，虽然最终未能挽救小红军的生命，但她不顾个人安危的举动，依然反映了军民之间的深情厚谊。

军民鱼水情

红军与老乡们合影

红军长征的过程中，国民党反动派与地方反动势力制造了很多谣言，不少农民躲进山里。红军以遵纪爱民的实际行动，解除了群众的顾虑。很快，大家都回来为红军战士解决吃住问题，十分亲热。

有一次，红军到了一个叫石江镇的地方，街上很多店门都关得紧紧的，后来听到红军战士亲切地喊："老乡们不要怕，我们红军是穷人的队伍，不会拿你们的东西，如果你们有什么吃的就卖给我们一点，我们照价付钱。"有些人从门缝中看到红军战士规规矩矩站在街上，谁也不去敲店门。于是，有的就拿出煮熟的红薯放到门口卖，战士们不讲价，说多少就是多少，只多给不少给。

消息传开后，店门都开了，能吃的东西都摆出来了，附近群众家里有能吃的，都拿到街上卖。有几位战士走到林玉元老大娘面前轻声说："大娘，天气太冷，今晚我们想到你家里避避风寒。"大娘满脸笑容地表示欢迎。战士们放下背包，就动手打扫卫生，挑水劈柴。红军关心群众、爱护群众的感人事迹，深深地感动了群众，广大农民群众也从各个方面关心、爱护红军。一个叫邱国才的缝纫师傅还与其他11位师傅一起，连夜赶制军帽120顶。红军给他们每人一块银元，他们心情非常激动，你一言我一语，凑成一首诗："红军来到石江镇，痛打土豪和劣绅，财主心怕胆又惊，穷人精神大振奋，军民连夜做军帽，同心协力杀敌人。"

有一次，镇上的邓大妈在山边地里锄草，听到山中有微弱的呻吟声，邓大妈立即放下锄头去山中寻找，果然发现一个约20岁、头戴八角帽的红军

战士躺在地上。她用手一摸战士的额头，好烫手，又见战士右脚伤口已开始流脓。她心想不能让亲人在野外活活冻死、痛死、饿死，一定要想办法救他。她喊来村民把负伤的红军战士带回了家中，拿出儿子的蓝布旧衣服给他换上。大妈告诉伤员安心养伤，要是发现有外人来就装哑巴。安排好后，大妈每天上山采药，精心护理，一周后战士的伤基本治好，他告诉大妈要去赶部队。临走那天，天刚亮大妈就起床为他准备好路上吃的东西。战士对大妈说："大妈，您就是我的亲娘，我一定永远记住您的恩情，等革命胜利了，我一定来看望您老人家。"战士恋恋不舍，挥手同大妈告别。

就在这小小的石江镇，军民们又谱写了一首鱼水情深的赞歌。正是军民的团结互助，使我们拥有了战胜强大敌人的有力武器。

小夫子多多考考你

1. 群众对红军的态度前后发生了什么变化，导致这种变化的原因是什么？

____

____

2. 请把下面的直述句改写成转述句，并且不改变原句的意思。

战士对大妈说："大妈，您就是我的亲娘，我一定永远记住您的恩情，等革命胜利了，我一定来看望您老人家。"

____

____

小夫子多多的读后感

事实胜于雄辩，尽管国民党反动派妖言惑众，竭力丑化红军形象，但群众的眼睛是雪亮的。红军凭借为群众服务的宗旨和严明的军纪，不仅消除了群众心中的顾虑，还赢得了群众的拥护。

金色的鱼钩

课文再现

《金色的鱼钩》（人教版五年级下册）一文讲述了这样一个故事：红军长征过草地时，一位老班长接受党交给的任务，尽心尽力地照顾三个病号，为了想办法给他们找吃的，老班长操劳过度，在即将走出草地时牺牲了。故事赞颂了老班长舍己为人的崇高品质。

小夫子多多有话说

大家好！我是你们的小夫子多多。为了给生病的战友找吃的，老班长因劳累过度而牺牲了，可见长征生活是多么艰苦啊！但艰苦的条件动摇不了红军坚定的信念，他们以顽强的毅力和崇高的精神，书写了一个个荡气回肠的感人故事……

课外链接

魂驻·小·红桥

英子麻利、果断、机智、勇敢，这作风常让人忘了她是个姑娘。因此在长征前她受领了队长一职。

小红桥战斗

临危受命，意味的不再是权力，而是用性命兑现所有的责任。困难、问题、危险，接踵而来。担架不够用，伤员有增无减，重伤员血肉模糊地躺着，较轻一点的伤员发出阵阵痛苦的呻吟。触目惊心的情景让她心如刀绞，血直往头上冲。年轻的队长英子杏眼瞪圆，咬着嘴唇，狠狠地说："背也要背着走！"

她对担架员的任务进行了分配，尽量安顿好每个伤员。可安排到最后，再也匀不出担架和人来抬一个伤势严重、生命垂危的小战士了。看着前方的路，看着奄奄一息的小战士，英子决定背着他走。队员们反对，劝她留下这个伤员。因为矮小、单薄的她看上去实在不堪重负，而且这个伤员伤势太重。可英子看着四周的荒山野岭，说："丢下他，不就等于让他死吗？决不能！"于是，再没有多说什么，她背着他在崎岖泥泞的路上，迈开了沉重的步子……

伤员的手无力地搭在她的肩上，用微弱的声音说："放——下——我，放——下——我吧……"英子充耳不闻，薄薄的嘴唇坚强地抿起。是奇迹吗？弱小的她，背着比她高、比她重的战士，翻山越岭，竟然走过了许多路程。而受伤的战士，也顽强地抗争着，在缺医少药的情况下居然开始好转！一路辛苦，一路历险，一路化险为夷。担架队艰难而曲折地前进着。而英子却越来越瘦，她总是将少得可怜的食物分给担架员和伤员；她也越来越弱，她总是将金贵的盐和水送进战友的嘴里……

队伍来到山里的一座小桥时，仿佛春天正好等在这里，娇嫩的小花与新绿扑面而来。劳顿不堪的战士们愣了一下，然后，都恍然大悟似的停下脚步，深呼吸……那个重伤的战士已经可以拄着棍子走了，也许是受了这美景的鼓励，他走到英子队长面前，说："队长，我要编个花环给你！"英子笑了，那开心而生动的笑脸让人想起她也只是个孩子，她点点头回答："嗯，

> 质朴的语言，表达了战士对英子队长的感激之情。

好。”可接着又故意板起脸说：“但是，你现在还需要休息。”

这是她一生中所说的最后一句话。为了给伤员舀水喝，她坠入了桥下的河水里。她坠落的声音那么小，她甚至没有挣扎，就顺水飘去……

70年过去了，很多事情都改变了，但有些故事永远不会褪色。就像此刻——一个垂暮老人，站在小桥边，凝视远方。山清水碧、草青花艳，和平的阳光照耀着大地。他的眼睛湿润了，半晌才说：“不一样了，但又一点都没有变。”过了许久、许久，老人又开口说：“如果英子队长多吃一点东西，可能就能坚持下去，可能就……”老人缓缓地从草地上采来缤纷的野花，用颤抖的手认真地编起一个花环，轻轻挂在桥头……

1. 结合上下文想一想，是什么原因导致英子队长落水牺牲的。

______

______

2. 老人把亲手编织的花环挂在桥头，你从这个情景体会到了老人怎样的心理？

______

______

小夫子多多的读后感

白云苍狗，世事变迁，虽然已经是70年前的事情，但英子队长的音容笑貌，以及她照顾伤员的情景，依然清晰地浮现在老红军的眼前。通过老人深情的回忆，我们深切地感受到了红军战士之间真挚的感情。

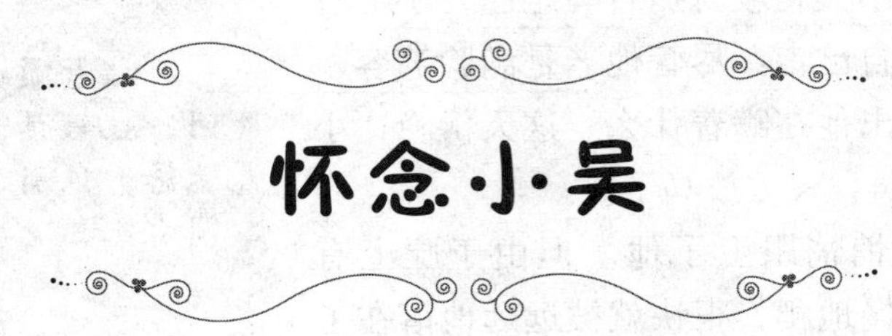

怀念小吴

老红军肖彬永远忘不了他的小通信员吴玉民。

长征的时候，肖彬在红二方面军6师18团9连当指导员。在一次遭遇战中，他负了重伤。过草地的时候，上级给了他一匹马，并安排连里的小通信员吴玉民照顾他。

小吴这年刚刚16岁，个子不高，黑黑的，长得挺结实。别看小吴年龄小，可是很会照顾人。每到宿营地，他都先找到一块干燥或者背风的地方，把自己那床补丁摞补丁的破被铺在地上，扶肖指导员歇下后，马上支起小铝锅烧开水，给指导员洗伤口、消毒，然后拿出半小瓶儿红汞（这是当时他们部队唯一的药品）为指导员换药。

部队一天一天朝前走，肖彬和小吴的粮食袋越来越轻了。伤势好一些后，肖指导员开始硬撑着帮小吴打些下手。到了宿营地，小吴捡柴火烧上饭，然后肖指导员看着火，小吴就去放马。

通信员小吴（中）

这几天，小吴不用肖指导员烧火了，去放马的时候，他总是带上小锅，说是可以边放马边烧饭，两不耽搁。每回，他都是很晚才回来，把小锅里热气腾腾的饭盛给指导员吃。指导员一让他吃，他就笑着拍拍肚子说："看，鼓鼓的，早吃饱啦！"

可是，指导员总是觉得小吴好像越来越瘦弱了。刚出发时，他每天都马前马后跑来跑去，不知道什么是累似的，可这一段，他不光不大跑了，而且走路急一些都气喘吁吁，满头大汗。指导员让小吴爬坡时抓着马尾巴，小吴总是笑笑，坚持自己走。尽管他老是满脸笑容，可指导员却看出他在瞒着什么。这天傍晚，小吴安顿好指导员，又去放马了。

> 指导员心中的疑问，也给读者留下了悬念，吸引了读者的阅读兴趣。

肖指导员悄悄跟上了他。但由于腿上有伤，他只能慢慢地爬，很快就被远远地落在了后头。当他在一处小树林追上小吴时，小吴正端着锅，一口一口地吃着什么。

“小吴！”肖指导员轻轻唤了一声。

小吴吃了一惊，一看是指导员，急忙把小锅藏在了身后，稚气地笑着问：“指导员，你怎么来啦？”

肖指导员没有回答，仍然向前爬着。小吴赶紧起身扶他。指导员顺手端起了小锅。小吴急忙用手去捂，指导员用命令的口气说：“把手拿开！”小吴只好拿开了手。

肖指导员凑着火光向锅里一看：天啊，这能叫饭吗？一锅黑糊糊的草根树叶，即使是饥肠辘辘的时候，见了它也就“饱”了，而这位只有16岁的小鬼，为了照顾战友，自己竟用它来充饥……肖指导员的眼睛模糊了，这时，他的耳边断断续续传来小吴低低的哀求声：“指导员，你别生气，你批评我什么，我都接受……”

肖指导员能批评小吴什么呢？他放下小锅，一把将小吴紧紧地抱在怀里……

1. 是什么原因让原本机灵、活泼的小吴越来越消瘦？

____

____

2. 如果你是指导员，你把小吴搂在怀里之后，会对他说些什么？

____

____

为了把有限的食物留给受伤的指导员，小吴总是躲起来偷偷吃些草根树叶，如果不是细心的指导员看出了破绽，也许小吴会永远保守这个秘密。我们从故事中体会到小吴恪尽职守、舍己为人的崇高品质，也感受到了革命同志之间的深厚情谊。

一碗救命的炒面

长征中的艰苦生活是难以形容的。虽然已是几十年前的事情了，但红军战士颜文斌还清楚地记得过草地时那一幕幕难忘的场景。

> 生动的环境描写展现了草地特有的景象，突出了长征生活的异常艰苦。

草地是二万五千里长征途中最难走的一段。在这里，没有人烟，没有房舍，甚至连飞鸟的叫声都难得听见。在战士们能看见的地方，尽是灰色的云、灰色的草，还有腐草拌和着积水的草地。

每天战士们的两只脚就在又湿又滑的草地上艰难地行进着。像这样的路，对于攀登过高达几千米终年积雪的夹金山，横渡过天险金沙江的战士来说，还不算什么太了不起的事情，糟糕的是这时大家都饿着肚子，粮食早就没有了，连野菜干都吃光了。

为了与中央红军主力会合，北上抗日，战士们仍默默地迈着沉重的步子，以最大的耐力，忍受着每一步所带给他们的肉体上的痛苦，坚持前进。有的同志终于倒下了，毫无怨言而又光荣地结束了自己的一生。

那时候，颜文斌是党支部书记，又是排长。虽然他自己也又累又饿，可他还是振作精神，鼓励大家克服困难，坚持前进。

有一天，他累得实在抬不起脚来了。刚出发时，还有两个同志扶着行走，后来他觉得他们的情况并不比自己好，拖下去三个人都要垮的，便用各种方法说服了他们。颜文斌说自己能走，但由于体力不支，没多久就掉队了。他说能走只是瞒住那两个好心的同志，好让他俩轻松前进，事实上，他只走了几步就不行了：头昏眼花，两条腿软绵绵的，摇晃了几下便栽倒在有水的草地上，昏迷了过去。当他神志稍微清醒的时候，心想：这下可完了，我不能和大家一块儿到达目的地了……

迷迷糊糊过了一段时间，当他又一次睁开眼时，意外发现一个30 多岁，憔悴、疲惫各方面都不亚于他的战友站在他面前，焦急地望着他："怎么样啦？病啦？"

"不。"他苦笑着说，"……两天……什么也没吃了，走不动……"他尽最大的力气想把声音放大一些。

"呵！是这样。"那位战友连忙低下头来，解开已经空了大半截的米袋，从里面倒出一碗黄灿灿的炒面来。那是多么香的炒面啊！香喷喷的味道刺激着颜文斌的嗅觉，真想一把抓到嘴里大嚼一番；可是，当他看见袋子里已经差不多可以说是空了的时候，便拒绝说："你也要赶路，我怎能夺取你仅有的一点口粮呢？"

那位战士见颜文斌这样，便流下泪来，并且用嗔怪的语气说："同志，你到这个地步，还这样要强哩！你把炒面吃完再说，我不能亲眼看着自己的同志活活饿死。"

颜文斌感动得流出了热泪，那位战友从小沟里弄来一碗清水，和上炒面后递给颜文斌，并且不住地叮咛："不要急，慢慢吃。"吃了东西，颜文斌渐渐有了生气，两腿也觉得有劲了。开始那个战士怕颜文斌身体虚弱，还扶着他走了很长一段路。第二天，颜文斌顺利地赶上了队伍，到了有人烟的地方。

后来，颜文斌很懊悔，由于当时过分激动和兴奋，竟然忘记了问那位战友的名字，只知道他是红军战士，是千万个红军战士中的一个。像这样的同志在红军革命队伍里是很多的，这是无产阶级革命队伍的本色。

1. 除了无名红军把炒面倒给颜文斌外，还有哪些情节能表现同志之间兄弟般的情谊？

2. “这是无产阶级革命队伍的本色”一句中的“这”具体指什么？

小夫子多多的读后感

在草地上行军，最难以克服的困难是缺少食物，在当时的情况下，一碗炒面甚至比金子都珍贵。然而无名战士却把炒面、把生存的希望慷慨地倒给了颜文斌，并且连名字都没有留下，这是多么高尚的情怀！这是多么纯真的友谊！

总司令挑行军锅

课文再现

《总司令挑行军锅》（长春版三年级下册）一文主要记叙了长征途中，在恶劣的条件下，朱德总司令不顾老陈头反对，与他抢着挑行军锅的故事。文章表现了总司令关心战士、平易近人的可贵品质，也反映了革命同志之间深厚的情谊。

小夫子多多有话说

大家好！我是你们的小夫子多多。在长征途中，像总司令挑行军锅这样的感人事迹时刻都在发生。无私无畏的革命领袖带领着这样意志如钢的战士，就组成了钢铁一般的队伍，所以他们才能把一座座高山踩在脚下，把一片片草地抛在身后，最终迎来新中国的成立。让我们在生动的故事中，去体会长征精神的含义。

课外链接

我们的贺主席

1935年12月19日中午时分，贺龙率领的第二军团部分主力，进入了一个叫岩石乡的地方。三个穿灰布军衣、身背短枪的战士来到三房院子，见一妇

女抱着小孩慌慌张张走进自己家里。战士跟着走进她家堂屋，见她房门紧闭，便轻轻地敲门说："嫂子，请你不要害怕，我们红军是为老百姓服务的，请你开开门，我们有事和你商量。"青年妇女叫欧阳香元，丈夫在外做挑夫，她听到敲门的声音不是很急，喊话的声音也很平和，就开了房门。战士见她屋内还有一间空房，便提出："嫂子，今天晚上借你这间空房搭个铺住一晚上，你看行不行？"欧阳香元虽没有完全听懂他们的话，但知道他们是要借房子住，于是脸上露出了同意的笑容。

过了一会儿，有位战士领着一位身材高大魁梧、身穿蓝布长衫、留有八字胡子的人来到了欧阳香元的家门口，后面跟着二三十个穿灰布军衣、背短枪的战士，在禾坪里整整齐齐地站成两排。那个"八字胡子"对大家讲："我们红军是穷人的队伍，是为人民求解放的，我们有铁的纪律，大家千万要注意，我们红军无论走到哪里，都要关心群众、爱护群众，群众家里的东西未经主人同意不能搬动，借东西一定要还，损坏和丢失东西一定要照价赔偿，这样我们才能取得群众的信任，才能团结群众去打倒蒋介石卖国贼，打倒日本帝国主义。"

欧阳香元从战士们的表情上，看出"八字胡子"是个大官。听他讲话句句为老百姓着想，认定红军是好人。她怀着激动的心情走到院子里，把那个"八字胡子"讲的话告诉别人，直到天快黑时才回家，她走到堂屋门口见地上搭起了铺，那个"八字胡子"和另外两个人在煤油灯下看地图，一边看一边比比画画。她想知道那个大官是个什么官，于是走到门外悄悄地问一个小战士："那个穿蓝布长衫、留着胡子的是你们的什么人？"小战士轻声地告诉她："是我们的军团长，苏维埃政府的贺主席，我们都喊他贺老总。"

贺龙故居・贺龙桥

她听后心里嘀咕，原来他是个大官，难怪战士们都规规矩矩听他讲话。

她走到房内，一位女战士非常和气地请她坐下，像亲姐妹一样和她拉起了家常。在交谈中她问女战士："你是哪个的老婆？”女战士很爽快地告诉她：“我是贺龙同志的爱人，今晚住在你家，真麻烦你了。”她知道了住在她家里的是红军的大官贺龙主席一家人，不好意思地说：“这房子不好，没有好好收拾，真对不起你们。”女战士说：“等打完仗以后，穷人就有好房子住了。”

第二天清早，部队要走了，有些战士在收拾行装，有些在打扫卫生。有个战士走到欧阳香元的嫂嫂雷青菊面前（住她对门）再三询问是否有损坏和丢失的东西，雷青菊说：“只有一个木脸盆没看到。”那个战士不一会儿拿了一个铜脸盆对她说：“如果找不到就用这个脸盆，找到了就留做纪念，我们红军有纪律的，你一定要收下。”贺主席和战士们走时，群众都含着热泪相送，战士们也不时地回头，依依惜别。

> 依依惜别的场面描写，表现了军民之间的深厚情谊。

1. 欧阳香元对待红军的态度，前后经历了哪些变化？

____

____

2. 文中的哪个情节最能体现红军严明的军纪？

____

____

小夫子多多的读后感

当时身为苏维埃政府主席的贺龙，没有惊动群众，而是睡在门口的地铺上。他在严格要求部队的同时，用自己的实际行动为大家做出了表率。通过他的一言一行，我们找到了红军纪律严明的根本原因。

周恩来带病走长征

跟在周恩来身边的半年多时间，是刘江萍一生最难忘的记忆。

刚过大渡河，周恩来就病了。“高烧不止，有时甚至处于昏迷状态。”“那时候红军什么药都没有，能用盐水给伤员洗洗伤口就是最好的治疗了。”刘江萍说。

周恩来对红军面临的这种困难十分清楚，因此，当他得知刘江萍和其他医护人员千方百计到各个部队找药时，连忙制止说：“战士比我们更需要药品，绝不能到部队去找，我们有什么就用什么！”

每到一个宿营地，刘江萍第一件事就是赶紧到处买药，偶尔能买到一点止痛退烧药，就立即让周恩来服用。在一个集镇上，他们买到了 2 两木耳，“这就是在整个长征途中给周副主席弄到的唯一高级补品！”刘江萍说。

由于得不到及时有效的治疗，周恩来整天高烧不退，经常处于半昏迷状态，翻雪山前，部队专门为周恩来准备了担架，可他坚持自己走路。最后，他实在走不动了，才躺到了担架上。

忆及此处，90岁的刘江萍老人有些激动：“今天的人们可能很难理解，可当时的红军就是这样，从军委领导到普通战士，都十分顽强。”

红军长征纪念馆

过草地时，医护人员好不容易给周恩来煮了一碗粥，他问：“部队现在吃什么你们不知道吗？”刘江萍说：“怎么不知道？吃草根、吃树皮，可你病得这么重，还协助毛主席工作，分担全军的重担，难道吃一小碗稀饭都不应该吗？”

“小刘呀，我们是革命的

队伍，一定要官兵一致，好坏大家都要一样。”周恩来最终也没吃那珍贵的稀饭。

> 亲切的教导与严格的身体力行，体现了周恩来高贵的品格。

红军进入甘肃时，正是收获的季节，当经过一片梨园时，长途行军的红军看到，树上果实累累，房前屋后梨子成堆。周恩来坐在梨树下，一手端着水喝，一手拿铅笔，聚精会神地看地图。

刘江萍看到生病的周恩来没吃老百姓一个梨子，于是他也一个梨都没拿。

第二天，有战士请求可不可以买点梨子，周恩来答应了。可当地群众受国民党的欺骗宣传，没人敢说价钱，只是说：“吃吧，你们吃吧！”结果，在盛产梨的地方，红军没吃上一个梨子就离开了。

小夫子多多考考你

1. 结合你对短文的理解，说说红军战士为什么没吃上一个梨子就离开了。

____

____

2. 请把下面的反问句改写为陈述句，并且不改变原句的意思。

你病得这么重，还协助毛主席工作，分担全军的重担，难道吃一小碗稀饭都不应该吗？

____

____

小夫子多多的读后感

周恩来身为中国革命的重要领导人，没有因为自己的地位搞特殊化，甚至在病重的时候，也不愿得到更多的关照。他一心想着红军战士，想着人民群众，唯独对自己想得太少。这种高贵的品格令世人敬仰。

尝野菜

每个人的一生中，都有几件令其终身难忘的事。已经过去半个世纪了，一次党小组生活会至今还深深地印在陈云开的脑海里。

长征时，红军部队来到了四川西北的草地。由于一路上荒无人烟，已断粮好几天了，大家的身体也一天不如一天强壮了。为了战胜饥饿，走出草地，大家分头采了一些野菜。然而，这堆野菜哪些有毒，哪些可以食用，谁也分不清。如果吃上有毒的，弄不好就要有很多战士倒在草地上。为此，党小组长杨洪山立即召开党小组会，讨论如何鉴别出无毒野菜供大家吃，来渡过难关。会上，大家纷纷要求自已先吃野菜，如没毒大家就可以吃了。同志们都知道，吃野菜是件很危险的事，弄不好就会中毒身亡。

杨洪山首先发言："我是组长，也是老党员，应该由我来尝野菜，万一我中毒牺牲，组里工作由陈云开同志负责，把大家带出草地。""不行，不行！"陈云开急忙打断他的话："你是组长，要带领大家走出草地，这野菜还是由我来尝。"

"你们都不要争了，还是我来尝野菜最合适。"陈云开的话刚讲完，躺在担架上的黄凯支起身子，强打精神说："你们都还年轻，身子骨又好，将来为党、为革命工作的时间还很长。我年纪大了，身体又病成这样，还是我来尝吧。"说着，他就向野菜堆爬去。

野 菜

大家一看急了，赶紧把他抱开。紧接着，特派员老尹和其他几位同志都争着要先尝。

真挚的友情，感人的场面，更加坚定了陈云开的决心。"慢！"陈云开喊了一声，顺手拿了一大把菜，激动地说："同志们，我今年才20多岁，身体好，抵抗能力强，毒性不大的野菜在我的身体里只能产生较低的反应。”说完他便开始品尝这些不知名的野菜。苦的、酸的、麻的、涩的，各种滋味都有……当品尝到第七种野菜时，他只觉得一种怪味锁住了喉咙，顿时感到一阵晕眩，很快失去了知觉。

当陈云开苏醒过来时，组长和同志们都围在他的身边，老尹正端着冒热气的野菜汤往他嘴里送。当看见陈云开睁开眼睛时，大家都激动地流出眼泪来。

> 生动的场面描写表现了革命同志之间的真挚友情。

靠这次鉴别出来的能吃的野菜，他们战胜了饥饿，克服了种种困难，胜利地走出草地与大部队会合了。

这件事看起来很小，但充分体现了我红军战士临危不惧，为了革命同志甘愿自我牺牲的伟大精神，这也是我军能战胜困难，取得革命胜利的根本保证。

小夫子多多考考你

1. 争先恐后品尝野菜的行为，表现了战士们怎样的品质？请用文中的词句回答。

____

____

2. 陈云开抓过野菜的时候，为什么显得非常激动？

____

____

小夫子多多的读后感

品尝野菜是非常危险的事情，但为了革命同志，战士们纷纷找出各种理由，主动承担这种风险，而把安全留给战友。真挚的友情和感人的场面催人泪下，战士们临危不惧、自我牺牲的精神永远激励着我们前进。

倔强的小红军

课文再现

《倔强的小红军》（语文S版四年级上册）一文讲述了陈赓将军经历的一段往事：红军过草地时，一个小红军在极度饥饿、疲乏的情况下，巧妙说服陈赓同志放弃对自己的帮助，最后牺牲在长征途中。文章赞扬了小红军一心为别人着想，把困难和危险留给自己的高尚品质。

小夫子多多有话说

大家好！我是你们的小夫子多多。长征途中，在荒无人烟的草地上行军，饥饿成了战士们最难以克服的困难，一团青稞面、一块牛皮、一袋干粮、几根野菜……都是生存的希望。在这样艰苦的条件下，红军战士却把生存的希望留给别人，也把令人荡气回肠的故事留在了人间……

课外链接

可爱可敬的“小皮球”

在成千上万的红军队伍中有一个12岁的小红军，他叫侯登襄。侯登襄

黑黑的、矮矮的，圆圆乎乎，跑起来像个小老虎，大家就叫他“小皮球”。

“小皮球”侯登襄人小志不小，是一个红军宣传队员。宣传队一共20多人，最大的20岁，“小皮球”是最小的一个。

川西北水草地

1935年8月下旬，“小皮球”所在的宣传队进入了水草地。这是一片荒无人烟、无边无际的沼泽。看起来绿油油，走起来，一不小心就会陷入泥潭，刚刚还是大晴天，瞬间就乌云密布，狂风暴雨。为了行动方便，宣传队分成了几个小组。“小皮球”所在的这个组一共5个人，他们做了具体分工：组长负责保管口粮，其他几个人，有的扛干柴，有的背着用被单做成的“帐篷”，有的身背道具。“小皮球”负责背着做饭和烧水用的小铜锅。

“小皮球”全组5个人出发时一共带了十来斤口粮，过草地要走七八天，根本不够吃。每到一个宿营地，他们就四处去寻找能吃的野菜，什么锯齿菜、刺儿菜，凡是能吃的都采回来。“小皮球”把小铜锅支起来，把水烧开，组长打开了小口袋，一粒一粒地把青稞和荞麦放进锅里。几个人围着小铜锅，你一言我一语地说起来。

有的说：“咱们吃的是青稞炖牛肉！”

有的说：“不！是韭菜煮青稞！”

组长说：“你们说的都不对，咱们吃的是八宝粥！”

这时，“小皮球”端着碗，一边吃一边说：“对！咱们吃的是八宝粥！”他狼吞虎咽，吃得还真香。

这天晚上，大家累了一天，想找一块地方睡觉。难找啊！还是组长发现小水沟旁长着一丛水柳条。大家七手八脚把水柳条压倒，铺上被单，支上“帐篷”。“小皮球”调皮地说：“今儿晚上咱们住上小洋楼了。”

可是，夜里大家睡得正香的时候，一阵狂风把“帐篷”刮跑了。天黑

黑的，到处是水草和泥潭，上哪儿去找“帐篷”呢？大家只好背靠着背蹲着“睡”了。“小皮球”在风雨中成了“落汤鸡”。

一天晚上宿营时，“小皮球”他们给战士们演了一场节目。第一个节目就是“小皮球”当主角的《童子舞》。他们边跳边唱：“牛皮本是好东西，吃多了就要胀肚皮，好东西，哟嗬嗨！……”战士们都开怀大笑了起来，一天的疲劳都被赶跑了。

> 充满童趣的表演，表现了“小皮球”活泼可爱的特点，也表现了他的乐观主义精神。

宣传队员们都是十来岁的孩子啊！他们白天和战士们一样行军，在草地里跋涉；宿营了，还要为大家演出节目，鼓舞士气，创造快乐，战士们被感动了。

一个大个子战士把“小皮球”拉到一边，在口袋里摸了半天，掏出一把炒米，塞到“小皮球”手里，轻轻地说：“小兄弟！拿着吧！”

在草地里，一粒米都是宝贵的啊！“小皮球”捧着炒米，眼睛湿润了。

“小皮球”盯着大个子战士的脸说：“你吃什么？”

大个子战士不经意地说：“我还能撑几天，你吃吧！”

“小皮球”没有吃。他把这比金子还珍贵的炒米交给了组长。

多么可爱可敬的“小皮球”啊！他叫侯登襄。记住他吧！

1. “小皮球”这个名字是怎么来的？

______

______

2. “小皮球”为什么把大个子战士送给他的炒米交给了组长？

______

______

“小皮球”和他的队友们，白天和战士们一样行军，在草地里艰难跋涉，宿营后还要为战士们表演节目。草地上恶劣的环境给孩子们带来了无尽的苦难，但他们却把所有的苦难转化成快乐，奉献给战士们。这是多么崇高的境界啊！

他戴上了红军帽

胡冬生参加红军的时候只有16岁。他早就向往着穿上红军服，戴上红军帽，那红军帽，八个角上面缀着一个红五星，戴上多神气啊！可是，胡冬生刚一当上红军，就开始长征了，谁给他发红军服和红军帽啊？

胡冬生头上裹着一条毛巾，看见老战士戴着红军帽，心里羡慕得不得了。他看着那缀着红五星的八角帽，越看越觉得好看，心想：我当了红军，起码应该戴上一顶红军帽啊！头上裹着一条毛巾，算什么红军呢？

> 生动的心理描写，反映了胡冬生对红军帽的强烈渴望。

在行军路上，小胡总缠着指导员，要求发给他一顶红军帽。指导员总是耐心地对他说：“别着急！以后一定发给你！”可是，行军打仗那么紧张，生活那么艰苦，指导员有什么办法给他发一顶红军帽呢？

这一天，部队要爬雪山了。粮食早就吃完了，小胡已经两天没吃东西了，饿得头昏腿软，两眼直冒金星，脚上的鞋也破得不行了。小胡的双脚被冰雪冻得麻木了，腿也冻肿了。他咬着牙，心里说一定要坚持。可是，走着

八角帽

走着，他就“扑通”一声倒在了地上。他喘着粗气，实在走不动了，想站起来，挣扎着，可说什么也站不起来了，心想：这回要在雪山上“革命到底”了，不由得掉下了眼泪。

这时候，指导员也喘着粗气，从小胡身后走了过来。指导员也疲惫不堪，胡子老长，脸色苍白。他关切地问道：“小胡！你怎么了？”小胡坐在地上有气无力地说：“指导员，我饿得走不动了！”指导员掏出一块煮熟的牛皮，递给了小胡。小胡知道这牛皮此时和生命一样珍贵，而且，指导员也两天没吃东西了，身体又有病，他怎么忍心吃下去呢？指导员硬把牛皮塞到小胡手里，小胡眼含热泪接了过来。

指导员一边看着小胡嚼着牛皮，一边对小胡说：“在这雪山上不能坐下来，坐下就会死掉。”又说：“革命是艰苦的，我们吃苦是为了更多的人幸福。一定要努力跟上队伍，坚持到胜利。”

小胡听了指导员的话，心里觉得暖融融的，吃完牛皮，就使劲站起来，又一步一步坚持爬上了雪山。

第二天，下起了鹅毛大雪。小胡喘着粗气，在没膝的深雪中向前走着。他多想坐下来歇一会儿啊！可是，想到指导员的话，他在心里告诉自己：不能停下，要坚持啊！

小胡吃力地走在雪山上。忽然，他发现前面不远处有一个人躺在了雪地上。小胡赶紧走过去一看，“啊”的一声吃了一惊，原来是指导员倒在了那里。

小胡跪在奄奄一息的指导员身边，只见指导员脸色煞白，微微睁开眼睛，发现是小胡，就吃力地说：“不要管我！……你走吧……不要掉队……”指导员一边断断续续说着，一边从头顶取下了红军帽：“冬生……红军帽子……给你……鞋子……我的……穿上走吧……我不行了。”小胡此时心如刀绞，强忍着眼泪，摇着头。尽管他早就想有一顶红军帽，也非常需要有一双鞋，但是……

指导员此时已经说不出话来了，见小胡不接帽子，也不取鞋，就一个劲地说："走……走……走……"

指导员牺牲了，雪花不停地飘落在小胡身上，又过了好久，小胡才好像明白了，要坚持走下去，走到胜利。他默默戴上了指导员的红军帽，穿上了指导员的鞋，含着眼泪，用树枝和雪土掩埋好指导员，迎着风雪，继续走上了长征路。

在以后的岁月里，小胡一直珍藏着那顶红军帽，一直怀念着长眠在雪山上的指导员。

1. 看着牺牲的指导员很久，胡冬生最终好像明白了什么？

____

____

2. 请把下面的反问句改为陈述句，并且不改变原句的意思。

可是，行军打仗那么紧张，生活那么艰苦，指导员有什么办法给他发一顶红军帽呢？

____

____

小夫子多多的读后感

在饥饿、寒冷和缺氧的重重威胁下，指导员把一块牛皮给了胡冬生，就等于把生存的机会让给了他，这是多么高尚的情怀！胡冬生从指导员手中接过盼望已久的红军帽的同时，也继承了革命前辈的遗志。

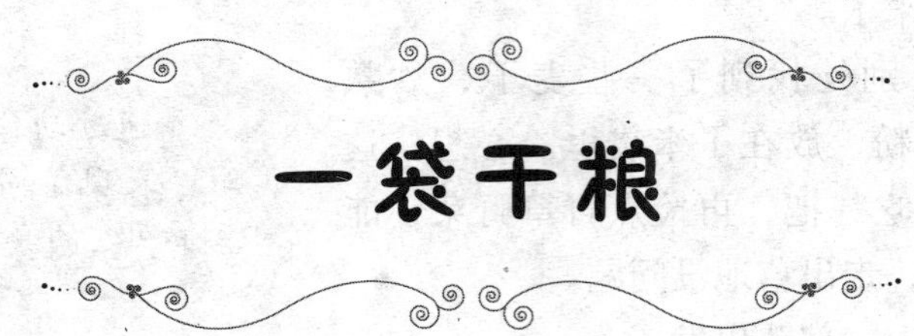

一袋干粮

在红军部队的医院里，有个13岁的小红军叫小兰。红军长征的时候，小兰跟着部队走进了草地。

这天，走着走着，前边出现了一个小村子。红军叔叔一看，可高兴啦。小兰也乐得又蹦又跳。有了村子就能找到粮食了。

部队进了村，小兰把伤病员安置好，就拿着米袋找粮食去了。可村里一个老百姓也没有。

小兰在村里走着走着，看见一个打麦场。场上堆着一堆麦秸，上面还有没有打干净的麦粒。她把麦秸捶了又翻，翻了又捶，东一粒，西一粒地捡起来。总共不到一小碗。这点东西能吃几顿呢？不行，还得找！小兰刚走不远，正好碰见一个大个子红军，扛着一袋沉甸甸的东西走过来。

小兰忙问："哎，你在哪儿搞来这么多的粮食呀？"

大个子红军放下口袋说："嘿，是小兰呀，我这粮食是在地主院子里挖出来的。你找到多少粮食了？"小兰把口袋一伸说："喏，都在这儿呢！"

大个子红军接过米袋掂了掂，笑着说："小兰，听说还要走20多天的草地，这点麦子还不够塞牙缝的呢！""明天再找嘛！""来，把我的给你一点吧！"

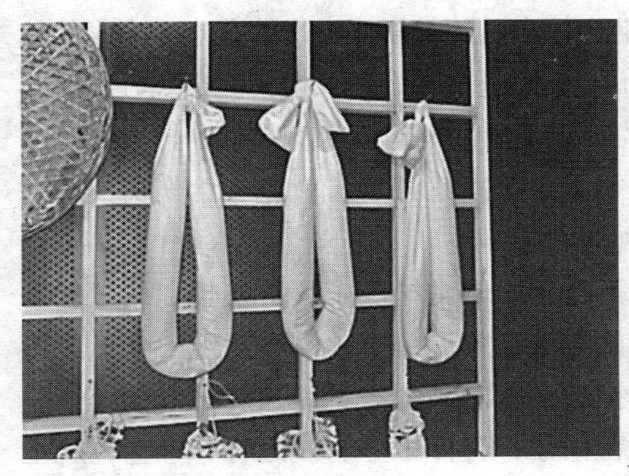

干粮袋

说着，他捧着麦子就要往小兰的米袋里放。小兰赶紧把米袋藏在背后，摇摇手说："不要，你们人多，自己还不够吃呢。"

大个子红军胳膊长，一把夺过米袋，一边往里倒，一边亲切地说："没关系，我们每人少吃一口，就省出来了。”

小兰又在别处找到了一些麦子，炒熟了，碾成了麦粉，放在了米袋里。心想：这些麦粉我一顿吃一把，再捡点野草野菜，能吃它二十来天，走出草地没问题。

通过动作和语言描写，表现了同志们之间互帮互爱的真挚感情。

第二天早上，部队出发了。

小兰扶着伤员，紧跟着部队，小心地往前走。走着走着，前边出现了一条小河，河上用树干临时搭起一座桥，桥下的河水“哗哗”地流着。

小兰把肩膀上的米袋背好，紧紧扶着伤员说：“同志，该过桥了，慢慢走！”

谁知道，走到桥中间，那个伤员忽然咳嗽起来了，脸涨得通红，身子直发抖，脚底下一滑，身子一歪，小兰连忙使劲扶住了他。可小兰肩膀上那袋麦粉却掉到了河里。米袋在水里滚了几下，就冲走了。

小兰愣住了，她小声地叫了一声：“哎呀，这可怎么办呀？”伤员看她望着河水直发愣，就问：“小兰，什么东西掉到河里了？”

小兰连忙摇摇头：“没有，什么东西都没掉。咱们走吧！”

这时候，看护长从后面走过来了。小兰告诉她伤员咳嗽得很厉害。看护长双手扶住伤员说：“好，到前面找医生看一看。”

她见小兰好像有点什么事儿的样子，又问：“小兰，怎么啦？是身体不舒服吗？”

“没有。嗯……”小兰把到嘴边的话又收了回去。她想：不能把丢米袋的事儿说出来。要是同志们知道了，准会把自己的粮食捧出来给我吃。大家的粮食都很少，我怎么能吃他们的呢？不，我要坚持。看护长走了。小兰赶紧拔了许多野草，放在挎包里，把挎包塞得鼓鼓囊囊的好像真的有粮食一样。

晚上，部队休息了。小兰怕大家看见她净吃野草，就跑去给伤员换药、洗绷带。等大家吃完东西休息了，她才煮野草吃。

这样过了几天，小兰的身体就不行了。常常拉肚子，头发晕，两腿软绵绵的，一点劲儿都没有。有一天，她走着走着，一下栽倒在地上，什么也不知道了。等她醒来的时候，发现看护长正背着她呢。看护长40多岁的人了，这些天来和大家一样，吃野草和麦粉糊糊，身体很虚弱。她背着小兰，脸上淌着豆大的汗珠，嘴里喘着粗气，摇摇晃晃地往前走着。

小兰醒来说：“看护长，我自己能走，快让我下来！”

> 传神的动作和神态描写，把看护长吃力的情形生动地刻画了出来。

央求了半天，看护长才把她放下来。小兰咬紧牙，坚持着走到了傍晚。等大家休息以后，她又躲到一边煮野草吃去了。这时候，看护长笑眯眯地走了过来：“小兰，你身体好一点了吗？哎，怎么一个人躲在这儿煮东西吃？”小兰赶紧用手遮住瓷缸：“我煮好东西吃，不让你看！”

“好！我不看。”看护长嘴上这么说，趁小兰不注意，一下把瓷缸抢了过来，一看：“哎呀，小兰，你怎么光吃野草，一点麦粉也不掺呀？”“路还远呢，留着慢慢吃呀！”“你的米袋呢？”小兰拍拍挎包说：“这不是吗？”看护长奇怪地问：“你为什么放在挎包里呀？”“米袋破了个洞，怕麦粉漏出去！”

“拿来！我给你缝缝。”说着，看护长一把夺过小兰的挎包，打开一看，里面全是野草。她愣住了。“小兰，你的麦粉呢？”小兰看到看护长这么关心她，想说话，可嗓子眼像被什么堵住了似的，一句话也说不出来，眼泪“刷刷”地流了下来。过了一会儿，她才把丢粮食的事儿告诉了看护长。

看护长听了说：“哎呀，小兰，你为什么不早点告诉我呢？我们一起参加革命，就像兄弟姐妹一样。你没了粮食，大家应该帮助你呀！”

说着，看护长从自己的米袋里，抓出一把麦粉，放进小兰的缸子里。“你先吃吧，我马上去报告首长。”

不一会儿，小兰丢粮食的事儿，像一阵风似的传开了。同志们立刻提着米袋走了过来，你一把他一把地直往小兰的挎包里装。

小兰忙摆手说：“不，不，谢谢大家……”这时候，那个伤员拄着拐杖走过来，拿着一点粮食，激动地说：“小兰，你为了救我，把粮食丢了。我这一份你一定要收下。”

同志们都说：“小兰，你收下吧。不管碰到多大的困难，我们也得把你这个小红军带出草地。”小兰呢，感动得一句话也说不出来，只好收下了大家的粮食。

这天夜里，小兰怎么也睡不着。小兰暗暗下定决心：一定要永远听党的话，永远跟着共产党走。

1. 小兰为什么不愿让别人知道自己丢失米袋的事情？

2. 读完本文，你印象最深的情节是什么？请谈谈你对这一情节的感受。

小夫子多多的读后感

宁愿自己偷着吃野草，也不愿意给大家带来麻烦，这是多么崇高的品质啊！而这一切都发生在一个13岁女孩的身上，更让我们感慨不已。首长、同志们的帮助和教育让她懂得了革命的道理，也坚定了她革命到底的信念。

芳妞脱险

在红军某团宣传队，有一个小宣传员名叫廖正芳，因为她长得娇小玲珑，活泼可爱，大家都喜欢叫她芳妞。

有一段时间，芳妞的部队在四川一个叫坝门雁的地方驻扎下来。这是一个很小的镇子，总共不过百来户人家，三面靠山，一面临着一条小河，是个

很美的地方。可是，不久，山沟里的平静就被打破了：尾追的敌军有两个团的兵力，几乎从三面包围了坝门雁。

这天下午，芳妞到离镇十多里的一个村子组织担架队。回来时走到镇子口，便觉得有些奇怪：怎么屋顶上迎风招展的红旗不见了，儿童团娃娃们清脆嘹亮的歌声也听不见了？……正在纳闷儿，突然从工事里传来一声粗野的喊叫："干什么的？不许动！"接着，两个匪兵端着大枪跳出来抓住了她。

"我是来走亲戚的。"芳妞沉着地说。

两个匪兵在芳妞身上乱搜了一通，看她年纪不大，又是普通老百姓打扮，把她提篮里买回来给伤员吃的几十个鸡蛋抢了去，就放她进了镇。可一进镇子，芳妞倒犹豫了："部队为什么突然撤出镇子？他们又到哪里去了呢？……不管怎么样，我得进去看个明白！"想到这，她挺起胸，大踏步向镇里走去。

镇子里果然和过去不一样了：家家关门闭户，街上到处是歪戴帽子斜背枪的匪兵。芳妞走到部队住的一个老乡家门口，看到几十个匪军正在那里围着一堆火，脱了衣服捉虱子。芳妞故意高声喊："大娘，在家吗？"

房东陈大娘听到喊声就出了门，看到是芳妞，一愣，赶紧笑着说："哟，好孩子，你怎么今天才来呀？可把大娘盼坏啦，快进屋暖和暖和！"大娘边说边把芳妞拉进房里，把门一关，低声说："廖同志，队伍昨天夜里就撤进后山了。让我告诉你，你回来后天黑前一定要赶上山。这儿留不得，你赶快走吧！"芳妞望着陈大娘那布满皱纹的脸，想起她待红军战士比自己的儿女还好，真有说不出的感激。她紧紧握住大娘的手说："大娘，您等着吧，我们的队伍很快就会打回来的！"

芳妞绕出镇子时，太阳已经落山了。芳妞走出土围子没多远，敌人就发现了她，"砰、砰"地朝她放枪，有两个匪兵还紧追了上来。芳妞拔腿拼命地朝山上飞跑。匪兵一边追，一边喊："站住，不然就开枪打死你啦！"

芳妞还是使足了劲儿地跑。地上的积雪刚刚融化，道路泥泞，跑着跑着就跌了一跤……突然，芳妞停住了——她猛抬头的时候，看见前面的大石头后有几顶红军的八角帽在移动！

> "眼珠一转"把芳妞机灵的模样呈现在了读者面前。

芳妞眼珠一转，假装崴了脚，蹲在地上哎

哟、哎哟地叫唤起来。匪兵们高兴了，叫喊着加快了脚步。眼看要被追上了，芳妞站起来又一瘸一拐地向前跑……这样跑跑停停的，竟把两个匪兵带到了红军的包围圈。“不许动！”几名红军战士冲了上来……

两个匪兵惊慌失措，把枪甩出去，抱着头蹲在了地上。

聪明大胆的芳妞，不光安全脱险，还给红军带来了两个俘虏，同志们都夸她是个勇敢的红小鬼！

1.芳妞知道镇子里不正常，为什么还挺起胸，大踏步向镇里走去？

____

____

2.芳妞巧妙脱险，表现了她哪方面的特点？

____

____

小夫子多多的读后感

芳妞虽然长得娇小，但却机灵，遇到事情能沉着应对。这真是让我钦佩不已。

井冈山

课文再现

《井冈山》（语文A版四年级上册）一文中，作者通过生动的描写展现了井冈山迷人的自然风光，并通过丰富的联想，表达了对毛泽东、朱德等老一辈革命家的深切缅怀，热情赞颂了井冈山对中国革命作出的卓越贡献。

小夫子多多有话说

大家好！我是你们的小夫子多多。井冈山不仅是一座美丽的山，更是一座伟大的山，它是毛泽东、朱德、陈毅、彭德怀等老一辈无产阶级革命家亲手创建的中国第一个农村革命根据地，因而被人们誉为“中国革命的摇篮”。让我们再次把目光聚集到这片神圣的土地，去寻找革命前辈光辉的足迹。

课外链接

毛泽东背粮

1928 年冬，敌人对井冈山革命根据地进行“围剿”和经济封锁，为了粉碎敌人的阴谋，毛泽东号召红军运粮上山，储备足够的粮食，准备对付来犯的敌人。

挑粮上山是个艰巨任务。往返上百里山路，还要翻越上千米高的黄洋界，别说肩膀上挑着粮担，就是空手走一趟，也累得不得了。

尽管挑粮上山如此艰辛，毛泽东却全然不顾，毅然加入了运粮队伍的行列。

井冈山

一天上午，毛泽东背了满满一袋粮食，大步走在挑粮上山队伍的最前面。来到黄洋界，已是中午时分。向上望是群峰高耸，往下看是万丈深渊。毛泽东背着一袋沉重的粮食，走得又快又稳。战士们看到毛委员的衣服被汗水湿透了，非常心痛地说："毛委员，让我们来背吧，别把您累坏了。"毛委员一手护住口袋，一手擦着汗水，笑着说："你们担得够多了，再加上我的，不是要把你们累坏了吗？不要紧，我背得动！"

过了黄洋界，来到五里排的大槲树下，毛委员招呼大家放下粮担休息一会儿，问大家累不累，大家齐声回答："不累！"其中一个战士还蹦了几蹦，逗得大家笑了起来。

另一个战士说："现在累一点不要紧，我们粮食存足了，就不怕敌人进攻了。他们要敢来送死，就把他们消灭在黄洋界下！"

毛委员点点头说："说得对！为了革命的胜利，我们就是要不怕苦不怕累。今天挑粮是为了革命，将来我们还要挑更重的担子。"

通过语言描写，表现了毛泽东艰苦奋斗的精神和对革命必胜的坚定信念。

毛泽东望了望远方，接着问大家："站在这里能看到什么地方？"

同志们回答："可以看到江西，还可以看到湖南。"

毛委员又问："再往前看呢？"

大家说："远处看不到了。"

毛委员说："站得高，才能看得远。站在这里不仅可以看到江西、湖南，还可以看到全中国、全世界！我们背粮上山，就是为了把中国革命进行

到底。”

大家听了毛委员的话，感到浑身有使不完的力量，他们挑起粮担，唱着山歌，跟着毛委员又继续前进了。

1. 为什么说在井冈山上挑粮是个艰巨的任务？（可用文中句子回答）

____

____

2. 毛委员所说的“站得高，才能看得远”在文中有什么深刻含义？

____

____

小夫子多多的读后感

“今天挑粮是为了革命，将来我们还要挑更重的担子”，平淡而坚定的话语，表现了革命前辈高瞻远瞩的豪迈胸怀。在此后的艰难岁月，毛泽东勇挑重担，领导人民推翻了压在人民身上的三座大山，取得了革命的彻底胜利。

巍巍井冈山

五月的井冈山，山清水秀，美不胜收，山岗上一簇簇盛开的映山红，如同燃烧

井冈山

的火焰，吸引着人们驻足观望；满山翠竹，挺拔直立，片片绿叶上朝露似珍珠，透过绿叶人们仿佛能嗅到空气中的丝丝甜润。

如今，每年有几百万人来井冈山观光旅游，人们在这里欣赏旖旎风景，看漫山苍茫，观花红树绿；遥望酷似五根指头的五指峰，遐思飞扬，感叹大自然的鬼斧神工；在井冈瀑布，仰望银川巨瀑，俯视深渊幽谷，令人心旷神怡……

然而，在井冈山人们看得更多的是“红色景点”。80年前毛泽东同志率领红军在这里创建了第一个革命根据地，当年红军战士战斗、生活过的许多地方，如今都已成为景点供游客参观。

大井，这是井冈山的一个普通村庄，留有毛泽东、朱德、彭德怀、陈毅等许多伟人的足迹。1927年10月，毛泽东率部队上井冈山首先到达大井，从那时起，这里就成为红军的常驻之地；毛泽东、朱德等人在这里运筹帷幄，多次粉碎敌军的武装“进剿”。在大井毛泽东同志当年居住过的旧居前，一棵大树挺拔茂盛，树下卧着一块天然石头，人称“读书石”。相传当年毛泽东闲暇之时，常常坐在这块石头上读书；缓步走到“读书石”前，我们仿佛又看到了毛泽东当年读书的身姿。

朱德挑粮小道，这是一条狭窄陡峭的小路，一直通向茫茫的山谷。当年井冈山斗争十分艰苦，歌中唱的“红米饭，南瓜汤”，就是红军当年艰苦生活的真实写照。为了缓解粮食不足，朱德带领战士沿着这条小路从山下挑粮，军长和战士一道挑粮，这足以说明红军与旧军队在本质上的根本不同。

黄洋界是井冈山斗争时的一处哨所，因毛泽东“黄洋界上炮声隆，报道敌军宵遁”的诗句而闻名遐迩。当年红军以不足一个营的兵力，凭借这里的险

> 引用毛泽东的诗句，不仅交代了黄洋界闻名遐迩的原因，也表达了作者对革命前辈的缅怀之情。

峻工事，打退了国民党4个团的进攻。更为神奇的是，当时红军仅有一门小炮，三发炮弹，打出去的炮弹只有一发炸响，却正好落在敌人的指挥部内，真是天佑红军！

登上黄洋界，只见高大的纪念碑上，镌刻着毛泽东的诗词《井冈山》；朱德元帅手书的“黄洋界”三个大字，遒劲有力。这里峰峦陡峭，山风习习，向下望众山匍匐，云海在脚下汹涌，让人神魂移宕，恍若身处梦中……

巍巍井冈山不愧是一座红色的山，一座诱人的山。

1. 作者在文中先后描写了哪几个“红色景点”？

2. 当年红军以不足一个营的兵力，打退了国民党4个团的进攻，除了凭借险峻的工事，想一想还有没有其他原因。

小夫子多多的读后感

井冈山不仅是一座诱人的山，更是一座红色的山，它曾经为中国革命事业作出了卓越的贡献，在它的每一个角落，都留下了革命前辈辉煌的足迹。通过井冈山上如织的游人，我们感受到了人们对革命前辈的敬仰和缅怀之情。

井冈山会师

南昌起义失败后，朱德带领一部分队伍转移到了广东的三河坝。敌人很快纠集了两万多人的兵力进攻三河坝。为了保存力量，寻找有利战机，朱德决定转移。

毛泽东知道了南昌起义的情况后，非常关心，派何长工下山去打听起义部队的下落。何长工在广东韶关犁头铺找到了朱德。

朱德听何长工介绍了毛泽东上井冈山的情况，非常高兴。他激动地说："我们跑来跑去，没有一个站脚的地方，正要去找毛泽东呢！"

第二天，朱德给何长工写了一封介绍信，还给了一些盘缠，让他赶快回井冈山，向毛泽东说明情况。不久，起义部队发起了湘南起义，敌人纠集了7个师的兵力进行围剿。为了保存实力，朱德决定向井冈山转移。

到了宁冈的砻市，朱德和陈毅先到了龙江书院。当毛泽东到来的时候，朱德和陈毅到书院门外迎接。朱德大步走向毛泽东，伸出大手，两位巨人的手掌紧紧握到了一起。他们使劲摇着对方的手，那么有力，那么热烈，这是一次历史性的会见。

1928年5月4日，在砻市举行了"庆祝两支部队胜利会师"的大会。

会场设在砻市南边一个草坪上。用门板和竹竿搭起一个主席台，两侧插满了红旗，悬挂着"庆祝两支部队胜利会师"和"打倒国民党反动派"的大幅标语。山茶花红，油菜花黄。会场上笑声成片，人山人海。

由两支部队的领导和各界人士组成的主席团走上了主席台，庆祝大会开始。何长工主持大会。当他宣布庆祝大会开始时，军号吹起，鞭炮齐鸣。执行主席陈毅首先讲话。他说，今天是"五四"纪念日，我们在这里庆祝两支部队的会师，意义非常重大。他宣布，两支部队改编为中国工农红军第四军，朱德同志任军长，党代表是毛泽东同志。

朱德在大会上讲话。他说，两支部队的会合，意味着中国革命的新起

风趣的语言，充分表现了革命前辈的乐观主义精神。

点，我们有了根据地，力量更大了。我们两支队伍要团结起来，争取更大的胜利。他还风趣地说："我们大家都很高兴，敌人却难过了。那么，就让我们的敌人难过去吧，我们不能照顾敌人的情绪，我们要彻底把他们消灭！"

毛泽东也发表了讲话，会场上响起了雷鸣般的掌声和欢呼声。毛泽东和朱德的巨手紧紧地握在了一起，开创了中国革命的新纪元。

1. 为什么说井冈山会师"开创了中国革命的新纪元"？

2. 请展开合理想象，为下列句子补充一个分句，使其构成排比的修辞手法。

他们使劲摇着对方的手，那么有力，那么热烈。

小夫子多多的读后感

为了共同的信仰和追求，两支队伍在井冈山胜利会师，从而开创了中国革命的新纪元。读了本文，我们仿佛看到了那激动人心的一幕，也从两位巨人紧握在一起的手上，感受到了强大的力量。

走完长征的婴儿

课文再现

《“走”完长征的婴儿》（沪教版四年级上册）是一篇采访稿，采访的对象是贺龙将军的女儿贺捷生，文章通过贺捷生讲述的发生在长征路上的4件事，表现了红军长征的艰难困苦，赞扬了老一辈革命家坚定的革命信念。

小夫子多多有话说

大家好！我是你们的小夫子多多。通过贺捷生奶奶的讲述，我们体会到长征的艰难困苦，也对她遭受的苦难感慨不已。但对长征中的孩子们来说，这样的苦难也是人生中的宝贵财富，因为它不仅让孩子们接受了革命的洗礼，也历练了自己坚强的意志。让我们跟随小红军的脚步，见证他们成长的光辉历程。

课外链接

跟着舅舅走长征

1933年夏天的一个晚上，由于叛徒出卖，名震湘鄂西的赤卫队遭到敌人突然袭击。女队长贺英在战斗中牺牲。牺牲前，她将自己的手枪、3块银元

和1个金戒指交给身边年仅7岁的外甥向轩，对他说："快走，找红军，找大舅去！"

向轩的大舅就是贺龙。当向轩见到贺龙时，贺龙心疼地抱起哭得泪人般的向轩。贺龙抚摸着他的头，并发给他一套军装和一支手枪。就这样，向轩成了军部通信连的小战士。

长征开始后，向轩被分配在军委分会当通信员。他每天准时到贺龙那里报到。他每天围着舅妈蹇先任和表妹，跑前跑后，帮着背、帮着抱，而蹇先任也给予他很多的照顾。有什么好吃的，哪怕是野菜，也要给向轩留着。贺龙为了不让向轩挨冻受冷，到了条件稍好的地方，就让向轩同自己一起睡。可向轩有尿床的毛病，时间长了，警卫员嫌麻烦，就不想让向轩同首长睡一张床，但被贺龙劝止了。一天早晨，向轩从外面回来，看见贺龙正在洗床单，冻得两手通红。这情景让向轩羞愧无比，他发誓以后再也不尿床了。

这句话把内容由向轩很懂事自然过渡到他顽皮的特点上来。

尽管向轩很懂事，可毕竟还是个孩子，一路上他没少挨贺龙的批评。部队渡过金沙江，来到云南，正是冰河解凌，惊蛰萌动时。一路行军，人困马乏，刚到了一个小镇，部队就开始忙着打土豪、筹粮食。上级规定，这些活动不许向轩他们这些小家伙参加。因为打土豪有规矩，一切缴获要归到供给部，然后再统一分配。但这次向轩跟在队伍里凑热闹，谁也没太在意。一个地主家腌了一缸咸蛋，白里泛青，煞是喜人，向轩看到后，不顾规定，顺手揣了五六个，盘算着去蹇先任那里看表妹。这事被贺龙知道了，他把向轩叫来，黑着脸问他为什么要私拿咸蛋，向轩嘟囔着承认了，并按贺龙的要求将咸蛋交给了供给部，但心里并不服气，很感委屈地在河边溜达。这时，他看见河边的树上拴着一匹枣红色小马，很矮。他上去拍拍马屁股，这匹马既不踢人也不跳，很温驯。这下，他又高兴了。他觉得小人配小马，正好。于是，一切烦恼统统抛到了脑后。第二天行军，他扬扬得意地把马骑到贺龙前面。贺龙问："你的马是从哪里来的？"向轩不以为然地说："河边牵的。"话音未落，贺龙大吼道："不遵守群众纪律，有什么资格当红军？"

贺龙因向轩违反"群众纪律"的事，差点开除了他，这事让向轩铭记了"群众纪律"的重要性。

在向轩看来，舅舅贺龙是既讲原则，又讲感情的人。

小夫子多多考考你

1. 从文中哪些事情可以看出向轩是一个很懂事的孩子？

2. 通过向轩与贺龙之间的几件事情，可以看出贺龙的哪些特点？（可用文中句子回答）

小夫子多多的读后感

对于一个7岁的孩子来说，亲人牺牲是多么沉重的打击啊！可悲惨的命运不但没有击垮向轩，反而磨炼了他的意志，坚定了他革命的信念，并使他在长征途中一步步成长起来。这是因为他身上流淌着革命者的血液。

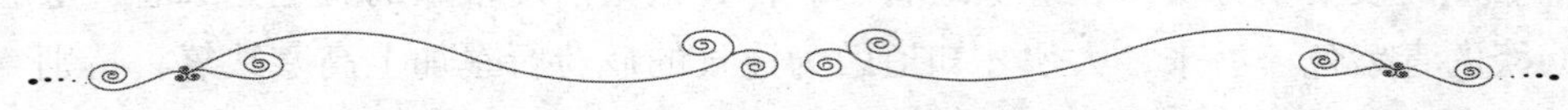

“红小鬼”在走出草地前倒下

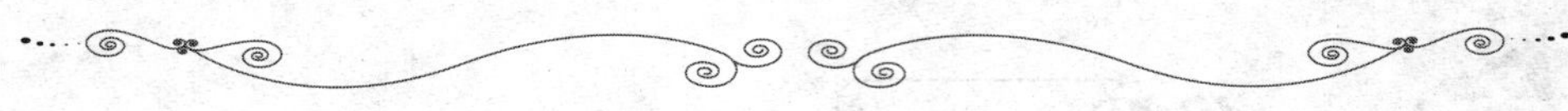

那是1935年盛夏，红一方面军行进到大草地边缘，先遣部队紧锣密鼓地为横穿草地做最后准备。部队费尽了周折，总算找到一名通司，开始浩浩荡荡地向草地进发。

> 环境描写表现了草地天气变化无常的特点。

伍老的班上有个战士，大伙都学着首长的口气管他叫“小鬼”。那天一大早，本是艳阳高照、晴空万里的，可一转眼就阴云密布、暴雨倾盆了。“小鬼”在队伍中一边哆嗦一边叨叨：“这老天爷的脸怎么变得比蒋介石还快，刚才还喊着国共合作呢，可一转脸就反目成仇了！”大伙听了都夸赞“小鬼”的比喻十分形象，伍老也说：“等革命胜利了，你说不定会成为一名伟大的作家，就好像苏联的高尔基那样。”“小鬼”搔了搔细如枪管的脖子，不好意思地问：“这‘高尔基’是什么鸡，下蛋能赶上俺家的芦花鸡吗？”

正说话间，队伍中已有战士陷进沼泽，连队干部按照之前拟定好的方案，用长枪在沼泽上搭成一个十字形，陷进去的战士双手握着十字的交点慢慢向上拉，在周围同志的帮助下，总算还能死里逃生。但有的人却没这么幸运，常常会一不留神连好心搭救的战友也一同拽进去，被沼泽吞没。每当此时，伍老的心里就跟刀割一样难受，而“小鬼”也拉着伍老的手一边流泪一边说：“班长，我真害怕就这样死了。”

“红小鬼”

在即将走出草地的那天清晨，吹过起床号很久了，但“小鬼”却仍然靠在一堆柴火上不肯起来。当其他战友去拉“小鬼”时，却发现他的身体早已僵硬了。他的表情十分安详，好像睡着了一样，只是清瘦稚嫩的脸上笼罩着一层淡淡的青紫色。后来，大伙才知道因为连日的疲劳行军加上高寒缺氧，特别是沼泽里散发出的大量有毒气体，使这个年仅15岁的红军小战士永远地闭上了双眼。

1. 阅读短文，说说在草地中心隐藏着哪些看不见的“妖魔”。

______

______

2. 联系上下文，说说“通司”在文中指什么。

______

______

小夫子多多的读后感

在二万五千里长征途中，处处充满着死亡的威胁，但这种艰难处境没有动摇红军坚定的信念，一个个在眼前倒下的同志，给了他们继续奋斗的勇气，因为他们每一个人都坚信，胜利就在不远的前方。

雪山小太阳

夹金山山峦起伏，白雪皑皑。狂风夹杂着大片的雪花翻卷咆哮，凛冽的

空气中，雪山似乎也在战栗。前进的队伍有些迟缓了。寒冷、饥饿、稀薄的空气侵袭着这支坚强的队伍，已经有很多同志在这片让神灵都敬畏的土地上永远闭上了眼睛。

突然，风雪中传来一阵充满活力的歌声：夹金山高又高，坚持一下胜利了！翻过雪山是晴天，嘿！太阳暖和和，战士笑哈哈……歌声穿透风雪，驱散了寒冷与疲惫，给前进中的队伍带来阵阵暖意。

大家抬头望去，山坡上一个小小的红色的身影跳着、唱着，挥舞着手里的快板，快乐的身影像一团跳动的火焰。“我们的小太阳又升起来了！”战士们笑了。这名唱歌的女战士是红军队伍里的小卫生员，谁也不知道她的名字。一路上，小姑娘把行进中的故事编成歌谣鼓舞着大家前进，成了大家的“开心果”。

翻雪山时，小姑娘身体单薄，同行的大姐怕她冻坏了，把身上穿的一件红毛衣送给了她。她高兴极了，穿着这件长及膝盖的大毛衣在队伍里跑前跑后，在山坡上唱着跳着，红艳艳的颜色在雪地里分外耀眼，大家就开玩笑地叫她“小太阳”。

队伍接近山顶了，空气越来越稀薄，连呼吸都困难。很多同志因为疲惫和饥饿坐在了雪地上，这一坐，便成了冰雪的雕像。连红毛衣也抵挡不住寒冷的侵袭，“小太阳”的脚步越来越迟缓。突然，她停了下来，路边坐着一个受伤的战士，把头埋进臂弯里像在打瞌睡。在这里，停顿就意味着死亡。“小太阳”拼命地摇着他，战士只是含混不清地说：“冷、冷……”队伍依然缓缓地前进着。有人突然发现，队伍里不见了那个快乐的红色身影。干部休养连的战士们到处寻找，在半山坡的雪地里，大家看到这个年少的卫生员静静地躺在山坡上，已经没有了生命的气息。她只穿着一件单薄的军衣，小小的脸上没有一丝血色。在担架上，战士们找到了那件红艳艳的大毛衣，它穿在一个受伤的战士身上。伤兵流着泪回忆说，困乏时坐在雪地里，只觉得有人在拼命地拉着他，对了，还听见了歌声，他说，很熟的歌：翻过雪山是晴天，嘿！太阳暖和和，战士笑哈哈……所有人都沉默了。伤兵脱下红毛衣，郑重地铺在雪地

> 通过衣着、神态描写再现了小姑娘牺牲时的情景，也暗示她把毛衣让给了别人。

上。它像女战士快乐的微笑，舒展在茫茫雪地中。仰首望去，峰顶已经微现阳光，太阳红彤彤，照在皑皑白雪之上，映出一道道金色的光芒。

1. 结合你对短文的理解，说说“雪山小太阳”在本文有哪几种含义。

____

____

2. 下列各句没有运用比喻修辞手法的一项是（ ）

A. 山坡上一个小小的红色的身影跳着、唱着，挥舞着手里的快板，快乐的身影像一团跳动的火焰。

B. 很多同志因为疲惫和饥饿坐在了雪地上，这一坐，便成了冰雪的雕像。

C. 突然，她停了下来，路边坐着一个受伤的战士，把头埋进臂弯里像在打瞌睡。

D. 伤兵脱下红毛衣，郑重地铺在雪地上。它像女战士快乐的微笑，舒展在茫茫雪地中。

小夫子多多的读后感

文中的小姑娘就像雪山上的“小太阳”，她用欢快的歌声，为战士们驱走寒冷与饥饿，给战士们带来了温暖的感觉。她又是战士们心中的“太阳”，在最寒冷的时候，她把生存的机会让给了受伤的战士，她的精神永远激励着人们前进。

追赶队伍的小红军们

红四方面军与红二方面军会师后不久，便继续北上，准备与红一方面军会合。

这已是这支红军队伍第三次过草地了。

这天，小卫生员冯玉乔正在收拾药包，指导员找到他，说："有任务调你去一个新单位，别的东西都带上，药包子留下，以后回来再用。"

同时接到通知的还有小卫生员张黑子和马小玉。

他们没有多想，以为是让他们到别的单位帮忙照顾伤员呢，便按照指导员说的，到了甘孜的喇嘛寺。

进了喇嘛寺一看，哇，尽是些妇女、老人和孩子，根本没有什么伤病员。奇怪的是团里的小司号员和通信员"小胖"也在这儿。

他们上前一打听，才知道原来这里是留守处。有人告诉他们："这次过草地，比前两次的路要远，考虑到你们几个人年纪小，怕跟不上队伍，所以才决定让你们留在这儿，等部队会合后，再回来接你们。"

这些话就像给几个小战士当头泼了一盆冷水，他们一个个气呼呼地嘟起了小嘴。

"头两次过草地我们就没有掉队，凭什么这次就看不起我们？"

"我们不要上级照顾，一定要跟主力走！"

主意打定后，第二天，几个小战士就躲到僻静的地方商量起追赶队伍的事。

"队伍走过的地方，草一定被踩倒好多。咱们就循着踩倒的草走，准能追上大部队！"小司号员说。

"对，追！"小战士们异口同声地说。

"塞"准确传达出他们为了追赶部队尽可能地节省每一分钟，吃饭时也是简单对付。

司号员见多识广，无形中就成了这群小散兵的“领头雁”。

进入草地了。小战士们不怕风吹雨淋，抱着追上部队的共同信念，一个劲儿往前走着。累了，停下来缓口气；饿了，往嘴里塞几口青稞面；渴了，找干净点的水潭捧几口水喝。

太阳落山的时候，小战士们宿营了。他们找了一块干一点的地方，盖上被单，累得一合眼就睡着了。

这几个小战士年纪都差不多，最大的是司号员，才15岁，几个岁数稍大点的担心出事，第二天天还没亮，冯玉乔、司号员和“小胖”这3个共青团员就起来了，围坐在一起，总结第一天行军的情况。两人都同意司号员的意见，都说：“共青团员要起模范作用。要像老战士们行军那样，不能丢下一个同志。”

天亮了。吃了些炒面，小战士们又上路了。3个共青团员都争着帮别人背东西，过烂泥地的时候，都争着走在前面探路。天一黑，年纪小的战士有点害怕，3个团员便彻夜不睡，轮流放哨值班。

第三天中午，在茫茫草地的视线尽头，突然看到了隐隐约约的人影。“在这荒无人烟的大草地上，不是咱们的部队还能是谁？”

“小胖”突然有些害怕了：“到了团里，首长熊咱们可怎么办？”

“熊就熊，只要不让我们脱离大部队，他就是打我几下，我也乐意！”冯玉乔说。

大家说着笑着，脚底加了劲，终于在大部队休息的时候，追上了大部队。

看到从天而降的小战士们，人们甭提多高兴啦！他们围上来，抱起小战士们，欢呼着把他们一次次抛向了空中！

1.指导员为什么让小卫生员冯玉乔到留守处？

______

______

2.几个小战士为什么一定要赶上大部队？

小夫子多多的读后感

现在如果有受到特别照顾的机会肯定会有人去抢，但这些小战士却不乐意，并且还追赶了上去，真是让人敬佩。

小小资料箱

八一南昌起义

“八一南昌起义”，简称“南昌起义”或“八一起义”，是指1927年8月1日在江西南昌，由中国共产党的军队针对国民党的分共政策发起的武装反抗事件。南昌起义是中国共产党直接领导的带有全局意义的一次武装暴动，它打响了武装反抗国民党反动统治的第一枪，标志着中国共产党独立创造革命军队和领导革命战争的开始，并为创建人民军队打下坚实的基础。1933年7月11日，中华苏维埃共和国临时中央政府决定8月1日为中国工农红军成立纪念日。从此，8月1日成为中国工农红军和后来的中国人民解放军的建军节。

抗日战争的故事

阅读导航

“卢沟桥事变”打响了中国抗日战争的第一枪，在此后的八年时间里，英勇的中国人民通过各种形式对日本侵略军进行了顽强抵抗，每一寸国土都成了中国人民英勇杀敌的战场。这是一个屈辱的年代，日本侵略者的暴行让我们看清了帝国主义丑恶的嘴脸和凶残的本性；这又是一个英雄辈出的年代，广大抗日军民用智慧和勇气、用鲜血和生命捍卫着中华民族不屈的灵魂和高贵的尊严，谱写了一曲曲感人肺腑的千古绝唱。

卢沟桥烽火

课文再现

《卢沟桥烽火》（江办版六年级下册）一文主要叙述了发生在1937年7月7日的“卢沟桥事变”的经过，揭露了日本侵略者蓄意挑起事端，野蛮侵占我国领土的滔天大罪，也讴歌了我国军民同仇敌忾抗击侵略者的顽强精神。

小夫子多多有话说

大家好！我是你们的小夫子多多。面对日本帝国主义的野蛮行径，中国人民同仇敌忾，带着对祖国的热爱和对侵略者的刻骨仇恨，采用各种方式与敌人进行了顽强的斗争。让我们通过下面这几则故事，感受中国人民抵抗侵略的决心和勇气，也进一步看清日本侵略者凶残的本性。

课外链接

西安楼战斗

广东开平那竹村的西安楼，建于1921年，取名“西安”，是因为那竹村坐东向西，村民希望这座楼能镇守一方，永保村民平安！

解放前，匪患严重，各村都在村周围种上有刺的簕竹，那茂密的竹丛有如铜墙铁壁，保护着村子的安全。加上各村在显要位置筑上碉楼，加强警戒，贼人都不敢轻易光顾。然而，乡民们却和日伪军进行过一场激战。

把竹丛比喻成铜墙铁壁，形象地写出了竹丛茂密的特点，突出了它的重要作用。

西安楼

1944年8月13日，一队敌伪军沿沙水公路向那竹村进发。那时的乡道不宽，顶多可以二人并排而行，一里长的乡道上是敌人长长的队列。西安楼顶上的岗哨发现情况后，立即鸣锣示警，当时人们刚好吃过午饭，连忙收拾东西，拖儿带女到西安楼躲避。

敌人走到门楼前面聚在一起砸门，那里正好是楼上自卫队员控制的射击范围。楼上有人开了一枪，击中一块花岗岩，火花四迸，吓得敌人连忙后退，压阵的军官命令不得后撤，开火进攻。于是数十支枪一齐射向西安楼。楼里的枪声一下子停歇了。原来一颗子弹从窗口射进来，打中内壁再反弹下来，击伤了一位村民的脚板。楼里的自卫队员一面为伤者包扎，一面部署战斗。一阵排枪，击伤了几个敌人。忽然楼上枪声大作，好像机枪在射击，吓得敌人纷纷向田野逃跑。这里的稻田，泥很深，敌人在稻田里连滚带爬，满身污泥，十分狼狈。他们只得绕过村边，继续南进。令他们感到不解的是，这个小小的村子怎么会有机枪呢？其实，那是自卫队迷惑敌人的一个战术，他们把爆竹点燃，放进空着的煤油箱里，响声密集而沉闷。

敌人不明就里，加上这里是水田地带，道路狭窄而且泥泞，进退皆难，于是，他们不敢恋战。

乡民们以机智和勇敢打退了强敌，非常兴奋，纷纷放鞭炮庆祝胜利。后来，他们把这一天作为该乡抗敌纪念日。

1. 结合文中相关语句，说说“西安楼”这个名字的由来。

____

____

2. 阅读全文，说说敌人在“西安楼”下不敢恋战的原因。

____

____

小夫子多多的读后感

在西安楼战斗中，面对装备精良的敌人，村民凭借有利地势，利用鞭炮，跟敌人进行了巧妙的心理战，以顽强的抵抗精神击退了来犯之敌。齐心协力的村民保卫了家园，充分显示了中国人民的智慧和勇气。

更夫血染大中楼

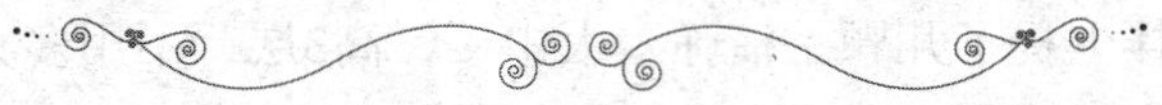

“尘土飞扬”和“扑来”两个词语，生动表现了日伪军来势汹汹。

1945年3月上旬的一天，夕阳快要下山了，暮色苍茫，横石乡石江村边的大中楼里，当班的更夫站在楼顶向四周眺望。忽然，他心里一沉，只见远方的大路上，尘土飞扬，一队日伪军正在向横石这边扑来。他立即告知同班的几个自卫队员。大家一看，这支日伪军有数十人，还有两个骑马的军官。他们不敢怠慢，立即商讨对付办法。大家一致认为，敌我力量悬殊，硬拼不是办法，只能通知乡民迅速躲避。于是决定，由更夫报警，村里3个碉楼的自卫队员掩护乡民上山躲避。

自卫队员分头到各村去了。更夫“当当当，当当当”地敲响铜锣，那是最紧急时才用的信号。群众一听到这锣声，纷纷携老扶幼，由自卫队员带领，按平时预定的路线疏散，躲向隐蔽的地方。

更夫在楼上看着敌人越来越近了，可村子里的群众还在村道的树丛中隐现。一般情况下，盗贼多在夜间滋扰，日伪军常在白天扫荡。这时，乡民刚吃过晚饭，事情发生得太突然了，人们没有估计到在这个时候发警报，所以乡民迟迟还未全部离开村子。

在这危急的时刻，更夫决意留下来与敌人周旋，让乡民安全转移，否则，众多乡民将惨遭蹂躏。

前面的敌人进村了，直奔大中楼、襟江楼和焜庐。更夫知道，这几座碉楼里的自卫队员都护送村民撤离去了。目前只有拖住敌人才是上策。他瞄准敌人就是一枪，一个敌人应声倒下。敌人马上集中火力扫射大中楼。他不紧不慢地回击。子弹不多，他留下几颗子弹，要在关键时刻才派用场。他蹲下身子，靠楼墙的掩护，举起一块木板，在楼顶这边晃晃，那边晃晃，装成楼上有很多人走动的样子，引来敌人密集的炮火。

过了一会儿，几个敌人迂回前进，悄悄接近大中楼，在门口摆弄工具撬门。更夫从楼上的枪眼里看得真切，一枪又击伤了一个敌人。敌人恼火了，向楼上扔了一颗手榴弹。好一会儿，楼上没有动静了，估计是更夫被炸伤了。于是敌人便分两路人马入村。然而，附近几个村子里的村民都按计划撤离了。村里空荡荡的。突然，大中楼上又响起枪声，敌人有的连忙卧倒，有的四处狂奔，十分狼狈。由于达不到预定的目的，敌人便迁怒于大中楼上的更夫，连续向楼上扔了几颗手榴弹。大中楼，高3层，不用多大力气便可把手榴弹扔上去。大中楼顶，硝烟弥漫，经久不散。

夜色渐浓。敌人试图破门攻入碉楼，但3座碉楼的大门坚固无比，无法打开，他们只好沿着村边大路，继续向东进发。

深夜，探知敌人远去后，村民们便陆续返回。只见更夫把长枪紧紧抱在怀里，鲜血染红了身边的墙壁和地板。他牺牲了，但没有倒下。他用自己的生命换来数百个村民的安全。他的精神不死，浩气长存。

得知更夫牺牲的消息，村民们都哀痛万分，大哭了起来。

小夫子多多考考你

1. 更夫是在什么情况下，决意留下来与敌人周旋的？

____

____

2. 为了更好地牵制敌人，更夫在碉楼上采取了哪些措施？

____

____

小夫子多多的读后感

在危急时刻，为了村民的安全撤退，更夫置个人安危于不顾，勇敢地挑起了阻击敌人的重担。他的英勇牺牲，保全了大批村民的生命、财产安全。他舍己为人的高贵品质，以及勇敢无畏的战斗精神，深深地感动着我们。

雁翎队打敌船

抗日战争时期，在河北白洋淀茂密的苇丛中，活跃着一支水上游击队。由于游击队员使用的武器主要是打雁的土枪，每杆土枪放火药的小洞上都插着一根美丽的雁翎，所以，人们称这支游击队为“雁翎队”。

1943年秋的一天，“雁翎队”接到情报，说有20多个日军和30多个伪军乘两只汽船要从这里经过。“雁翎队”分析敌情后，决定打一场伏击战。于是，“雁翎队”的队员们每人头顶一片大荷叶，隐蔽在苇塘里，等待着敌人的到来。

巧妙的隐蔽充分体现了游击队员的聪明智慧。

傍晚时分，侦察员报告，敌船一只在前，一只在后，拉开距离，正缓缓驶来，这可怎么办？经商议，队长决定在第二只敌船到来之前，以猛烈的火力迅速干掉第一只，再见机行事。

不一会儿，敌人的汽船鸣着汽笛从远处平静的水面上驶过来。当敌人进入伏击圈后，队长大喊一声：“打！”跟着抬手一枪结果了扶舵日本兵的性命。接着，20杆土枪同时向敌人开火，子弹、手榴弹同时在敌船附近开花。这突如其来的枪炮，使敌人死的死伤的伤，损失大半，汽船也被打坏，不能再前进一步。趁敌人混乱之际，队长一声令下，队员们高喊：“冲啊——杀啊——”几十只小木船像离弦的箭冲出芦苇丛，杀向敌人。斗士们一驶近敌船便投出一排手榴弹，敌船立刻起火，几个活着的伪兵、鬼子企图跳水逃跑，“雁翎队”哪肯放过？驾着小木船追了过去。一个队员发现一个日本兵游着水还向队员射击，他一个猛子扎到水里。不一会儿，只见他钻出水面，两手狠命捏住日本兵的脖子；一下就把鬼子按进水里。眨眼工夫，鬼子兵便像一块朽木一样，漂浮在水面。

机智果敢的战士们，在第二只敌船出现前，已将第一只敌船上的日军全部消灭。第二只敌船上的鬼子听到枪声，一面高速前进，一面用机枪疯狂扫

白洋淀茂密的苇丛

射。远处据点里的敌人听到枪声也开始朝这边开来。敌人把苇塘包围起来，机枪、步枪、小钢炮一个劲儿地打，苇子被打烂了。敌人听不见还击声，就壮着胆子钻进苇丛中去搜，可连个人影都没有找到，气得日本兵叽里呱啦地乱喊。原来“雁翎队”悄悄退出苇丛后，迅速将木船和土枪沉入水中，然后每人头顶一片大荷叶，游到5公里外的集合地点，在乡亲们家里，早就安然入睡了。

1. 结合文中相关语句，说说“雁翎队”这个名字的由来。

____

____

2. “几十只小木船像离弦的箭冲出芦苇丛，杀向敌人”一句运用了什么修辞手法？有什么作用？

____

____

小夫子多多的读后感

绿绿的湖水、青青的苇塘、圆圆的荷叶……这个充满诗情画意的地方，却成了中国人民抵抗日本侵略的战场。我们在对敌人充满仇恨的同时，也为游击队员们英明的决策和奋勇杀敌的表现感到大快人心。

冀中的地道战

课文再现

《冀中的地道战》（语文A版六年级上册）是一篇讲读课文，课文详细介绍了冀中地道战的产生、作用、式样和特点，指出了地道战在我国抗日战争史上的重要地位，歌颂了我国人民在对敌斗争中表现出来的顽强斗志和无穷无尽的智慧。

小夫子多多有话说

大家好！我是你们的小夫子多多。1937年日本侵华后，中国人民掀起了轰轰烈烈的抗日救亡运动，使日本侵略军陷入了人民战争的汪洋大海之中，中国的每一寸土地都成了奋勇杀敌的战场。地雷战、地道战、游击战……这些独特的斗争方式，无不体现着中国人民的勇气和智慧。

课外链接

最使冉庄（位于河北省保定市）人民引以为骄傲的，还是1945年6月20日的那次大战。那天，驻保定的敌人组织两个团1000多兵力进攻冉庄。

敌军走到离村一两千米的地方，就开始盲目地向村里轰炸扫射，见没有动静，才向村庄逼近。忽然，“轰”、“轰”几声，村边几处民兵所埋地雷接连炸响。敌人被炸死炸伤多人后，仗着火力优势，拆墙过院，扑进村庄。

隐蔽在村东口的李明贵、李春久等人，利用地道作掩护，找准机会，接连射击敌军，敌人东窜西跑，摸不着头脑，气得哇哇直叫。

当20多名日伪军押着民夫背着锨镐过来，想破坏地道时，民兵高振峰瞄准一个目标打中头部，张丙奎拉响地雷，把伪军吓得纷纷逃命。

民兵队长张德林拿着湖北造的小马枪，带着5个爆炸组成员守在北口学校暗室里。过了一会儿，见敌人从东边向北移动。张德林用手捅捅组员们小声说：“过来了，准备好。”几个地雷接连在敌群中开了花，张德林紧接着又向敌群中打了一阵排子枪。敌人像没头苍蝇乱撞起来，前头的往北跑分散着上了房，后边的往南、往东跑也上了房。敌人在房上支起机枪，没目标地胡乱扫射。张德林向大家说：“等着，沉住气，等着拉雷。”不大一会儿，20多个伪军上来拉死尸，民兵们又拉响两个地雷，四五个敌人倒下，其余都撤下去了。过了半个多小时，敌人才敢出来收尸，随后大队撤走了。

这一场战斗，我民兵30余人抗击敌人两个团兵力，从早晨打到下午5点多，持续13个小时，杀伤大批敌人，其中有副团长1名，副官1名，连长1名，排长1名，而我方只有一人臂部受轻伤。

在抗日战争和解放战争中，英勇的冉庄人民利用地道对敌作战72次，配合部队作战85次，打死打伤敌人2100多名。冉庄人民利用地道优势，创出了辉煌战绩，为抗击侵略者，为祖国人民的解放事业作出了卓越贡献，冉庄地道战是世界战争史上的奇迹。

冉庄地道战是中华民族抵御外侮的历史见证！是人民战争取得伟大胜利的历史见证！是中华民族英勇斗争精神的历史见证！

1. 在抗日战争和解放战争中，冉庄人民利用地道对敌作战，取得了怎样的成果？

____

____

2. 请把本文最后一段中的三句话合并为一句话，并且不改变原句的意思。

____

____

小夫子多多的读后感

以30余人的民兵队伍，抵抗敌人两个团的兵力，并且杀伤了大批敌人，而我方只有一人臂部受轻伤。如此辉煌的战果，冉庄的地道是当之无愧的头等功臣。它不仅见证了中国人民抗战的历史，也是中华民族聪明智慧和斗争精神的集中体现。

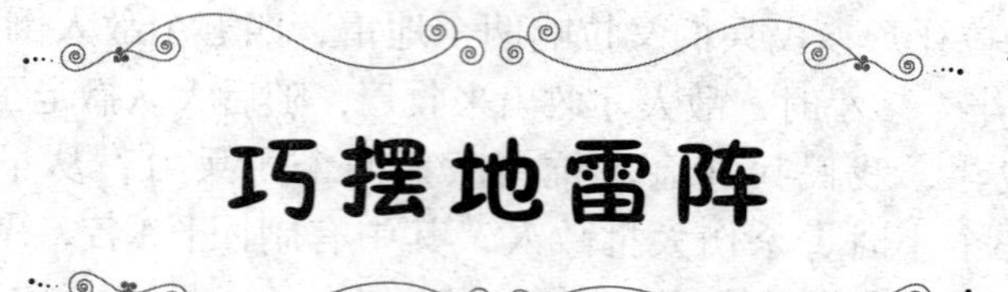

巧摆地雷阵

1945年5月，盘踞在青岛的日军纠集了大量兵力，对盆子山区反复进行“清剿”、“扫荡”。中共海阳县委领导全县人民全力配合部队，积极开展地雷战反击敌人。

一天，500日名伪军向赵疃扑来，村里的民兵通过商议，决定采取“引敌进村，关门打狗”的策略。敌人刚到村头，“夹子雷”、“连环雷”一齐开花，五六个敌人一齐倒下。其余的四处逃命，慌乱中又踏响了几个大地雷。这时，躲在暗处的民兵趁机把炮口对准敌人，一阵土炮把敌人打得落花流水，纷纷逃窜。

一个骑在马上的日军军官见状，连忙抽出洋刀，逼着手下进村。爆炸组的民兵马上挂好雷弦，然后故意暴露目标引诱敌人。鬼子军官拍马就追，刚到牌坊下，一个特大的“箱子雷”被踏响，连人带马飞上了天，后面的三四个鬼子也见了阎王。见指挥官被炸死，其他敌兵一哄而散，争先恐后地逃了回去。

还有一次，麦收期间下了一场雨，民兵们怕埋在地里的地雷受潮失效，就挖出来晾晒，敌人得知了这种情况，乘机对赵疃进行偷袭，抢去大批财物。吃一堑，长一智，民兵们决定将计就计。又是一个雨过天晴的日子，爆炸组在路面上布下三组“胶皮连环雷”，每组拴上3个大号地雷；在路两侧埋上“踩雷”、“绊雷”、“夹子雷”等100多个。还在村东头一户人家的大门里拴上地雷，菜园地里也埋下地雷。同时，民兵们还为整个村庄的大街小巷松了松土，好像到处是新埋的雷迹，给敌人摆下了“迷魂阵”。

在前几天的偷袭中占到便宜的敌人又向赵疃扑来，走进村北头见到处埋有“地雷”，便绕到村东头进村。几个敌人想到一个农户家中抢东西，哪知一推门，“轰”的一声被炸飞。几个到菜园扒土豆的敌人，也被炸倒。日军见势不妙，慌忙撤退，可是刚走不远，“轰！轰！轰！”埋在大路中间的“连环雷”又响了，炸得敌人倒下一大片。剩下的左躲右闪，又踏响了路两旁的地雷。侥幸未被炸死的敌人丢盔弃甲，落荒而逃。

“左躲右闪”和“落荒而逃”两个词语把敌人被炸后的狼狈情景生动地表现了出来。

后来，日军每次出动前，总是先命令伪军在前面寻雷、起雷。为了对付狡猾的敌人，民兵们很快研制出一种“真假子母雷”，就是假雷在上，真雷在下，两颗地雷用线相连，只要一动上面的假雷，下面的真雷就会爆炸。吃了几次亏之后，敌人再也不敢起雷了。每次出动时，敌人便在可疑的地方，用石灰撒上圈圈，用来标记地雷。赵疃的民兵们将计就计，就在敌人的来路上撒白圈，在圈与圈之间埋上地雷，旁边布下雷群。敌人顺着圈与圈之间的间隙走，地雷就响，跑到路旁躲，雷群就炸。

敌人实在没有办法了，只好搬来工兵探雷起雷，但仍然逃不掉挨炸的命运。就这样，在我主力部队、地方武装和民兵的沉重打击下，日军处处挨炸，节节败退。

1. 文中共写了赵疃的哪几种地雷？请列举出来。

2. 赵疃的民兵们是怎样对付寻雷、起雷的日伪军的？

小夫子多多的读后感

赵疃的角角落落都成了民兵们英勇杀敌的战场。人们研制出花样翻新的雷种，并根据不同的战斗形势，巧设雷阵，虚虚实实、真假难辨，令来犯之敌防不胜防，充分展示了中国人民的聪明才智和反抗精神。看着地雷在敌群中开花的情景，我们不禁为之拍手称快。

小小资料箱

抗日战争

抗日战争是1937年7月至1945年8月，中国人民进行的八年反抗日本帝国主义侵略的伟大的民族革命战争，也是100多年来中国人民反对外敌入侵第一次取得完全胜利的民族解放战争。因为抗日战争从全面爆发到胜利，历时八年，所以也称为“八年抗战”。这场战争是以国共两党合作为基础，有社会各界、各族人民、各民主党派、抗日团体、社会各阶层爱国人士和海外侨胞广泛参加的全民族抗战。中国人民的抗日战争是第二次世界大战的重要组成部分。

鸡毛信

课文再现

《鸡毛信》（语文A版六年级下册）一文主要记叙了抗日战争时期，儿童团长海娃克服了重重困难，把一封鸡毛信送给游击队并配合游击队消灭敌人的故事，表现了我国少年儿童在对敌斗争中的机智勇敢。

小夫子多多有话说

大家好！我是你们的小夫子多多。在全民抗战的时代浪潮中，英勇的中国少年儿童也成了敌后战场的抗日生力军，他们充分利用自身优势，在敌人面前或巧妙周旋，或勇敢善战，或宁死不屈，或机智勇敢。让我们一起阅读下面的故事，并记住那些英雄的名字。

课外链接

急送鸡毛信

抗日战争时期，在太行山里的山西省武乡县白家庄出了一个少年抗日英雄，他就是儿童团长李爱民。

大家知道，在战争年代，鸡毛信不是普通的信，插着鸡毛的信必须马上送达。

这一天，八路军的钟营长急匆匆来到白家庄找到李爱民，交给他一封鸡毛信，说："这封鸡毛信很重要，你马上闯过敌人的封锁线去送给东沟的民兵。"

通过环境和动作描写，表现了李爱民吃苦耐劳、勇敢无畏的精神。

李爱民知道这鸡毛信非常重要，二话没说，把鸡毛信藏在袜子里就出发了。他戴上草帽，拿着镰刀，赶着毛驴，装着割草的样子，专拣沟里的小路走。沟里净是乱草、荆棘，脚被石头子儿碰破了，两腿也被拉了几道口子，李爱民顾不得这些，一路小跑，蹚过小河沟，爬过几道山冈，很快来到了敌人的封锁区。

李爱民急急忙忙走着，来到一个三岔路口，正在琢磨往哪儿走的时候，一抬头，看到右前方一个土坎上有两个鬼子在望着他，嘴里不知在咕哝什么。怎么办？躲开吧，怕鬼子生疑心，而且也来不及了。李爱民想起出发时，钟营长嘱咐他说的话："路上遇到情况要沉着，见机行事。"他往四周看了看，正好不远处有一摊驴粪。他走过去使劲踩了一下，那稀稀的驴粪溅了他一身。他也顾不得脏和臭了，大摇大摆地把驴赶到沟里割起草来。

两个鬼子跑过来，其中一个像是日本军官，抓住爱民的领子大声叫道："八格牙路，举起手来！"

爱民装作傻乎乎的样子，呆呆地站在那里。

鬼子军官横眉瞪眼叫道："八路的探子？抓起来！"

爱民装作惊慌的样子，说："俺是放驴的！"

鬼子将爱民的身上从上到下搜了一遍，什么也没搜出来，驴粪的臭味熏得鬼子直捂鼻子。

这时候，鬼子营地传来了号声，鬼子急着要走，便踢了爱民一脚，厉声喊道："赶快滚，这里不准放驴！"

爱民忍着疼痛，赶着驴迅速来到了东沟。东沟的民兵得到了情报，第二天顺利地配合八路军打下了鬼子的据点，保护了根据地的粮食。

李爱民立了一功，受到八路军的表扬。

小夫子多多考考你

1. 结合文中有关语句，请给“鸡毛信”下个定义。

2. 请用自己的话说说，李爱民是如何躲过敌人搜查的。

小夫子多多的读后感

在危险面前，李爱民表现得从容镇定，巧妙躲过了敌人的搜查，把情报准时送到了东沟。他在敌人面前表现出来的勇敢和智慧，值得我们学习。故事也告诉我们，无论遇到怎样的危险，一定要学会沉着应对。

小小资料箱

抗日战争的三个阶段

整个抗日战争期间，中国军队共进行大规模和较大规模的会战22次，重要战役200余次，大小战斗近20万次，总计歼灭日军150余万人、伪军118万人。战争结束时，接收投降日军128万余人，接收投降伪军146万余人。抗日战争分三个阶段。从1937年7月卢沟桥事变到1938年10月广州、武汉失守，为战略防御阶段；从1938年10月至1943年12月，为战略相持阶段；从1944年1月解放区战场局部反攻至1945年8月日本宣布无条件投降，为战略反攻阶段。

中国战胜日本

侵略中山县的日军

故事发生在广东中山县（现中山市）的一个广场上。时间约在1943年。当时，一队日本兵驻扎在那里。

一天，几个日本兵在喂马，一个10岁左右的小孩，好奇地远远望着这些高大的马匹。日本兵拘捕了他，发现审问不出什么名堂，便对小孩说："皇军写几个字，你照着写了，我们便放了你。"一个日本士兵蹲在地上写了"日本战胜中国"这六个字。

小孩接过日本兵的石块，蹲在地上也写了六个字"中国战胜日本"。

日本兵唧唧喳喳讨论了一会儿，认为是小孩不明白他们的用意，一个日本兵又重新写了一遍"日本战胜中国"，指着这几个字朝小孩嚷道："要按我们的意思去写，懂吗？否则，枪毙枪毙的！"

小孩拿起小石块，重写："中国战胜日本。"

日本兵暴怒了，用马鞭抽打小孩，还把他捆绑在木柱上。过了一夜，日本兵才把小孩放了。可第三天又把他抓了回去，原因是小孩的家人"顽固不化"，家长没带孩子向皇军"认罪"。于是又在木柱上将小孩捆绑了一天，然后押送到了监狱。

对一个十来岁的孩子竟下此毒手，我们看到了日本侵略军凶残的本性。

经过近一个月的关押折磨，小孩已经气息奄奄，但他就是不向日本兵求饶，不将"中国战胜日本"这几个字颠倒过来。日本兵眼看小孩快要死了，便假装仁慈放了他。回家不到七天，小孩就离开了人间。

小孩的名字叫郑振华，他用生命捍卫了祖国的尊严。

1. 文中的小孩为什么总把“日本战胜中国”写成“中国战胜日本”？

____

____

2. 日本兵第二次抓回小孩的理由是什么？你有何感想？

____

____

小夫子多多的读后感

一个十来岁的孩子，只因为不愿意忍受敌人的侮辱，便遭到毒打和关押。通过这件事情，我们认识到了日本侵略军凶残的本性，也感受到了侵略者给中国人民带来的深深伤害。同时，小孩倔强的性格也反映了中国人特有的骨气。

歌唱二小放牛郎

课文再现

《歌唱二小放牛郎》（北师大版二年级下册）是一首歌词，讲述了王二小被敌人抓住后，假装顺从把迷路的敌人带进了八路军的埋伏圈，敌人发现上当后残忍地杀害了王二小的故事。文章表现了王二小机智勇敢的特点，赞扬了他不怕牺牲的英雄主义精神。

小夫子多多有话说

大家好！我是你们的小夫子多多。王二小和所有的孩子一样，对祖国充满了热爱，对日本侵略者充满了仇恨，虽然年龄很小，却在敌人面前表现得机智勇敢。在抗日战争中，像他这样的小英雄还有很多，下面我们再来了解几个这样的英雄故事。

课外链接

少年英雄李爱民

1943年，李爱民的家乡白家庄被鬼子占领了，他们村的百姓都转移到了东沟。又到麦收的时候了，白家庄的群众夜里悄悄回到他们的地里收割麦子。

夜色漆黑，只有远处鬼子的炮楼上不时地射出探照灯的亮光。人们屏住呼吸，在黑暗中悄悄地挥镰割麦。天快亮的时候，人们背的背，挑的挑，急急忙忙往东沟走去。

爱民背着一小口袋麦穗走在前面，和大伙儿拉开了一段距离，为的是一旦被鬼子发现，就赶紧给大家报信，好让大家迅速转移。他想，不能让到手的粮食被敌人抢去。

眼看就要走出敌占区了，已经能看到东沟了。忽然，右面山上响了一枪，接着，出现了几个人影。爱民判断，这是遇上了敌人的游动哨，鬼子发现了他们。爱民转身想往回走，已经来不及了。

一个鬼子从路边钻了出来，挡住爱民的去路，大喊道："干什么的？"

爱民沉着地应道："自己人！"

"口令！"

什么口令？爱民被问住了，可他一点没有慌。只听他大声咳嗽了三声，这是暗号，告诉后面的人有情况。大家伙儿迅速疏散到路边的庄稼地里了。

鬼子的机枪响了，子弹打中了爱民的腿，他倒下了。

爱民被带到了河滩上，翻译官问道："你是哪个村的？"

"白家庄的。"

"干什么来了？"

"收粮食啊！"

鬼子军官一听说是白家庄的，问道："你们庄上的老百姓都躲到哪儿去了？"

"太行山里呗！"

抗日战争中敌我交火的场景

"你们村的村长是谁？"

"我不知道。"

那个翻译不耐烦了，恶狠狠地说："你听着，今天你要是说实话，就放你回家，如果不说实话，就一枪崩了你！"说着，就用手枪冲爱民晃了晃。

爱民毫不畏惧地说："崩了我我也不知道！"

敌人没办法了，就把爱民用绳子吊在一棵小树上用皮带使劲抽，但是，爱民还是那句话："不知道！"

硬的不行，鬼子军官又把爱民放下来改用软的办法。鬼子军官从口袋里掏出一把日本糖，引诱爱民说："小孩，你的说实话，皇军大大的赏！"

爱民接过糖，使劲朝鬼子军官的脸上砸过去，说道："谁稀罕你的臭糖！"

鬼子军官大发脾气，用脚踹向爱民，一脚又一脚，爱民倒在了地上。他忍着疼痛，心想：打吧，打死我也不说，死就死我一个，不能对不起八路军和乡亲们。

> 通过心理描写，突出了李爱民坚强不屈、视死如归的精神。

鬼子军官踢了半天，见爱民死活不屈服，恼羞成怒，抽出大刀向爱民刺去。为保护村里的群众，13岁的爱民献出了宝贵的生命。

1. 回去的路上，李爱民为什么要和大伙儿拉开一段距离？你从这里体会到了他怎样的特点？

____

____

2. 请从文中找出一个四字词语，来概括李爱民在敌人面前的表现。

____

小夫子多多的读后感

在威逼面前宁死不屈，在利诱面前不为所动，为了保护到手的粮食和掩护乡亲们，李爱民献出了宝贵的生命。一个年仅13岁的孩子，在残忍的敌人面前，依然如此镇定、坚强，我们从他身上看到了中国人民对日本帝国主义的刻骨仇恨。

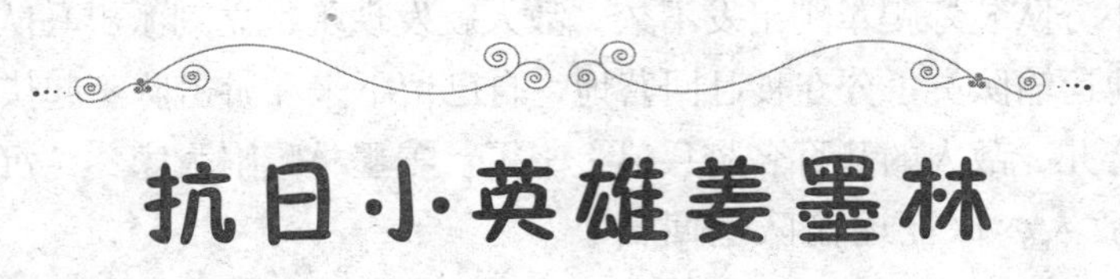

抗日小英雄姜墨林

1937年中秋刚过，黑龙江大地上就下了一场半人深的大雪。侵华日军趁天寒地冻，调动10多万大军，切断了东北抗日联军二路军指挥部和在外作战部队的联系，想把缺少棉衣和粮食的抗日战士冻死饿死在山上。

总指挥部决定派一支小部队到依兰县城去，找地下党和抗日救国会筹划些粮食、棉花和布匹，运回根据地；可是，这样重要和危险的任务由谁来领导完成呢？首长把目光落在了16岁的姜墨林身上。

姜墨林肯动脑子，作战勇敢，每次都能圆满完成任务。这次首长又把任务交给了他，他心里自然明白这意味着什么。

姜墨林带着一小队骑兵来到依兰县城外，他让大家把马和爬犁（一种可以在雪地上滑行的车子）隐藏好，自己换了一身脏衣服，然后背起一条破麻袋，里面装上又脏又臭的黄豆，把两万块买货的钱藏在里面，大摇大摆地朝城门走去。

把守城门的日本兵见来了个小孩，便上前盘查。姜墨林抓一把黄豆给他们看，说："马料的卖！"日本兵闻到一股酸臭味，赶忙捂着鼻子，甩手让他过去了。

战士们袭击敌人

姜墨林进城后顺利地找到了地下党的同志，说明了来意。地下党组织决定通过抗日救国会发动群众购买物品。姜墨林留下钱就出城等候。

城里的群众很快把物品置办齐了，他们用各种办法，偷偷把物品运到城外，交给姜墨林的小分队。地下党还派出游击队护送运输小分队赶回驻地。

运输小分队装好爬犁刚出发不久，敌人就发现了，立刻派出马队追击。姜墨林让其他运输队员争分夺秒赶回营地，自己留下来和游击队一起伏击敌人。

不一会儿，敌人的几百名骑兵追上来了。姜墨林嘱咐大家："沉住气！我们要缠住敌人，保证运输队返回营地！"

敌人进入埋伏圈后，遭到了意想不到的突然袭击，一下子就乱了阵脚。姜墨林率领战士激战了两个多小时，为运输队赢得了宝贵的时间。天黑以后，他下令撤出战斗，去追赶运输队。第二天，运输队满载着越冬物品，与总指挥部派来的接应部队会合了。

> "意想不到"和"乱了阵脚"把敌人狼狈的情景表现了出来，也表现了小分队战士勇敢善战的特点。

总指挥周保中同志拉着姜墨林的手，激动地说："你们得胜归来，这是一个奇迹！"

小夫子多多考考你

1. 首长为什么敢于把这样重要和危险的任务交给年仅16岁的姜墨林？

____

____

2. 本文主要写了姜墨林的哪两件事情？表现了他什么特点？

____

____

小夫子多多的读后感

同样是10多岁的孩子，我们坐在宽敞明亮的教室里学习，姜墨林却在枪林弹雨中和敌人战斗。正是因为他们牺牲了自己的幸福，才免除了我们的苦难。我们要珍惜来之不易的幸福生活，不辜负祖国对我们的期望。

小八路王德明

八路军武工队

王德明参加八路军时仅有14岁，矮矮的个子，胖胖的脸，有一双闪亮的大眼睛。他是八路军的情报员，骑自行车的技术很高，曾多次为八路军提供重要情报。

1942年的秋后，据点里的鬼子和汉奸经常到马营一带扫荡清乡，闹得这里的老百姓鸡犬不宁。王德明冒着生命危险，扮做干杂活的混进了鬼子据点，沉着机智地从潜伏的地下党那里得到了准确的情报：第二天拂晓，日伪军到马营二村扫荡。王德明马上把这个重要情报送给了抗日大队。抗日大队得到情报后，布下了天罗地网，只等鬼子来送死。这次伏击战打得非常漂亮，鼓舞了抗日军民的斗志。王德明在这次伏击战中立了大功，受到了部队首长的表彰。

1943年春天，日伪军处处遭到八路军和游击队的打击，他们垂死挣扎，对抗日根据地进行疯狂的扫荡。根据地军民在党的领导下，和日伪军展开了殊死斗争。

一天，王德明接到上级情报：富国镇据点的日伪军要偷袭黑龙村的八路军，住在富国镇黑龙村的八路军独立营需要马上转移。接到情报后，王德明化装成商人骑着自行车去黑龙村送情报。刚到村头，他发现来了日伪军的大批队伍，前面还有骑兵。他见形势危急，果断地鸣枪诱敌，掉转车子朝村外飞驰而去。

> 一连串的动作描写，不仅反映了形势危急，也表现了王德明处乱不惊的特点。

日伪军听到枪声发现了王德明的行踪，像一群饿狼朝王德明追去。鬼子的骑兵越追越近，王德明已筋疲力尽，他边骑车边向鬼子鸣枪。这时鬼子的骑兵也开了枪，一颗子弹打中了王德明的腿，王德明紧咬牙关忍着痛又骑了一段路，终因流血过多跌下车子。鬼子的骑兵也这时追到王德明的身边，惨无人道的日本鬼子用刺刀在王德明身上连捅了十七刀，鲜血洒了一地，年仅16岁的小八路王德明流尽了最后一滴血。八路军独立营听到枪声迅速转移到安全地带，王德明用鲜血和生命保护了独立营的安全。

1. 王德明被子弹打中之后，为什么忍痛继续往前骑？

______

______

2. 请找出文中的一个比喻句，并说说这个句子的好处。

______

______

小夫子多多的读后感

看到来势汹汹的敌人，王德明果断鸣枪，把敌人引开。此时的王德明心里非常清楚这样做的后果是什么，但为了掩护独立营的转移，他早已把生死置之度外，这种视死如归的英雄主义精神让我们深受感动。

小英雄雨来

课文再现

《小英雄雨来》（北师大版六年级上册）一课讲述的是抗日战争时期的故事。晋察冀边区的少年雨来，聪明勇敢，游泳本领高强，为了掩护革命干部，他机智地同敌人作斗争。故事歌颂了少年雨来热爱祖国、不畏强敌的斗争精神。

小夫子多多有话说

大家好！我是你们的小夫子多多。自古英雄出少年，在抗日战争中，广大少年儿童充分发挥自身优势，通过各种方式与敌人展开了顽强的斗争，表达了对日本侵略者的痛恨。除了雨来之外，王璞、杨杨、刘林通、小虎子等，都是人们非常熟悉的小英雄，让我们永远记住他们的名字。

课外链接

桃树沟里的抗日小英雄

河北省完县（今顺平县）有个野场村，在村东北两个山梁中间夹着个桃树沟，沟里长着很多桃树，这里就是抗日小英雄王璞的家乡。

1943年春天，日本鬼子又来扫荡了，大家把驻扎在野场村附近的八路军机关、兵工厂里的枪支弹药，还有被服厂里的衣服鞋袜，都藏了起来，连村里的水井也盖好封住，以免鬼子发现。没过多久，鬼子恶狼似的扑进了村子，可村子里空荡荡的，见不到人影，迎接他们的只有满街红红绿绿的标语和漫画，鬼子气得嗷嗷直叫。原来附近几个村子里老老小小，都藏到了外人很难发现的桃树沟。

把鬼子比喻成“恶狼”，形象地揭示了他们凶残的本性。

一天早上，藏在桃树沟的王璞突然听见两声枪响，他连忙向对面的山头望去，发现有很多晃动的人影。原来，村里的地主告了密，鬼子已经悄悄地包围了这个地方。

王璞赶紧向乡亲们大声喊：“不好，我们被包围了！”他们想转移，可是已经来不及了，四周早已架起了机枪。这时天亮了，鬼子把群众围在一块几十平方米的空地上。其中一个鬼子，一把抓住王璞的衣领把他从人群里拽出来，问道：“你是小八路？”王璞摇了摇头。鬼子把刺刀架在王璞的脖子上，又厉声喊了一句：“你是八路的干活！”王璞把头一歪，也直着嗓子喊了一句：“不是！”鬼子生气了，他掉过枪托，猛地朝王璞腿上砸来，王璞身子一晃挺住了。

鬼子放开王璞，向着群众叽里咕噜地叫了一阵，翻译官马上对大家说：“老乡们，太君说了，只要你们说出八路军工厂的机器、枪支弹药都埋在什么地方，马上就放你们回家。”

乡亲们都低着头，紧紧地咬着嘴唇，谁也不吱声。只听咔嚓咔嚓一阵响声，鬼子把机枪上了膛，但人们还是没有一个说话的。翻译官急得吼了起来：“难道你们不怕死吗？”

见威吓不能奏效，敌人又开始在小孩子身上打主意。见此情景，王璞急忙从人群中挤出来

乡亲们撤离村庄

喊："儿童团员们，咱们不能说啊！咱们宁死也不能当汉奸！可不能忘记咱们的'五不'誓约啊！"在王璞的带领下，二十几名儿童团员，一起朗诵起来："……不听鬼子话，不受鬼子的骗……"朗诵到"不告鬼子实话"一句时，大家都不约而同地抬高了嗓门，有的人几乎是喊出来的。

鬼子军官气得吼叫起来："统统的枪毙！"说完举起刺刀架在王璞脖子上，只听王璞毫无畏惧地高呼："打倒日本帝国主义！"

刺刀落下，敌人的机关枪也响了，14岁的王璞倒在血泊中。这天是1943年5月7日，王璞和桃树沟里的100多名群众遭到敌人的疯狂杀戮。

为了纪念在桃树沟牺牲的群众，晋察冀边区政府召开了追悼大会，并授予王璞"抗日民族小英雄"的光荣称号，还立了纪念碑。

1. "王璞身子一晃挺住了"一句属于什么描写？你从这个细节体会到了王璞的什么特点？

____

____

2. 读了本文，你最强烈的感受是什么？请谈一谈。

____

____

小夫子多多的读后感

面对鬼子疯狂的屠刀，王璞不但没有屈服，而且还带领乡亲们和侵略者进行了顽强的抗争，表现出了卓越的组织才能和大无畏的精神。他"打倒日本帝国主义"的呼声不仅唤醒了群众的觉悟，也激励着千千万万中国人继续反抗日本侵略者。

抗日小英雄杨杨

抗日战争时期，在青峰岭的杨家村，有一个叫杨杨的小孩和爷爷相依为命。听爷爷说爸爸妈妈都打小鬼子去了，杨杨对爷爷说："等我长大了以后，也要像爸爸妈妈一样当打小鬼子的英雄。"爷爷听完笑着点了点头。杨杨有个好朋友叫阿黄，它是一条强壮、聪明的大狗。

那天，杨杨带着阿黄去钓鱼，天快黑的时候他们才拿着鱼竿和鱼篓回去。突然，杨杨被什么东西绊了一下，摔倒在地。这时，旁边的阿黄"汪汪"地叫了起来，杨杨觉得情况不对，就蹲下身子，查看是什么绊倒了自己。

"妈呀！死人啊……"杨杨大声叫道，猛地向后一退。原来杨杨看见一个满身是血的人，吓得不得了，爬起来就跑。

> 通过传神的动作刻画，把杨杨受到惊吓的情景生动地表现了出来。

但刚跑两步，杨杨就站住了，他定了定神，发现躺在地上的人穿着八路军的军装，他赶忙对阿黄说道："快去叫爷爷。"阿黄听见杨杨的话，马上向家里跑去。

过了一会儿，那个人醒过来了，他看见杨杨蹲在身边，断断续续地对杨杨说："小朋友……你……你帮我把这竹筒……交给游击大队，它很重要……"八路军叔叔说完就闭上了眼睛。

"叔叔，叔叔，你醒醒，你醒醒啊……"杨杨拼命地摇着八路军叔叔，哭得很伤心。这时阿黄带着爷爷来了。见到眼前的情景，爷爷也抹了一把泪水，对杨杨说："好孩子，别哭了，你不是说要当打鬼子的英雄吗？英雄就不该哭鼻子。"

第二天，杨杨和阿黄从村长那里知道了游击大队在哪里，于是，杨杨带着阿黄就去找游击大队了。

他们走了很久，突然看见前面有小鬼子的巡逻队，聪明的杨杨知道跑是

抗日小英雄

没有用的。他马上把八路军叔叔交给他的竹筒交给阿黄咬着，对着阿黄的耳朵说："阿黄，你快跑，去找爷爷，千万别让小鬼子抓着你。"

这时，小鬼子看见了杨杨，他们用枪指着杨杨问："小孩，知道八路在哪里吗？""哼！"杨杨把脑袋转向一边，理也不理小鬼子。

小鬼子见杨杨不理他们，气得大吼："说了我就放你回去，不说一枪打死你！"

杨杨把头转过来，对着小鬼子勾勾手指，笑着说道："你过来啊，我告诉你。"小鬼子连忙走到杨杨身前，弯下身子。杨杨对着那个小鬼子的脸狠狠地扇了一耳光，然后对着小鬼子说："呸！"

那个鬼子气得跳了起来，一脚把杨杨踢倒在地。其他鬼子也围了过来，对着地上的杨杨狠狠地踢着，直到杨杨昏死了过去，但杨杨始终没有屈服。

后来，鬼子走了，杨杨躺在地上，满身的血，昏迷不醒。

再说阿黄，它跑回去找到了爷爷，把那个竹筒丢在爷爷脚下，对着爷爷狂吠着，还咬着爷爷的裤脚往外拖。爷爷顿时明白了一切，他捡起竹筒就跑了出去。爷爷找到了村长，让村长把竹筒给游击大队送去。

把情报送出之后，爷爷在阿黄的带领下，找到了杨杨。他蹲下去，扶起杨杨："孩子，孩子，你醒醒，你醒醒，别吓爷爷啊！"

杨杨慢慢地睁开眼睛，看见是爷爷，问："小鬼子走了吗？"

"嗯！小鬼子已经走了，孩子，你别说话，爷爷带你回家去。"爷爷抹着眼泪说道。

杨杨不放心竹筒，又问道："那竹筒呢？"

爷爷回答说："我把它交给了村长，村长会把它交给游击大队的，你放心吧。"

爷爷说完就背着杨杨向家里走去。

后来，游击大队的八路军叔叔找到了杨杨，他们对杨杨说，那个竹筒里装的是关于小鬼子据点的情报，多亏杨杨保护了那份情报，才使得游击大队能轻松地攻破小鬼子的据点，他们夸杨杨是个勇敢的小英雄。

从那以后，村子里的人都叫杨杨是“小英雄”。

小夫子多多考考你

1. 文中哪些情节表现了杨杨机智勇敢的特点？

____

____

2. 杨杨醒来最关心的事情是什么？你从中感受到了他怎样的特点？

____

____

小夫子多多的读后感

杨杨虽然年龄很小，却在日本侵略者面前充分表现出了智慧和勇气。当遭遇小鬼子时，他首先想到的是情报的安全，让阿黄咬着情报撤退，自己则冒着生命危险拖住敌人。面对敌人的毒打，他坚强不屈的表现反映着对日本鬼子的无比痛恨。

小游击队员

在抗日战争时期，有个小游击队员叫刘林通，他是武强县周窝乡东小章村人。别看他年纪不大，胆子可不小。

一天晚上，天黑得伸手不见五指，田野里静悄悄的。突然，小路上传来“沙、沙”的脚步声。这是我们的抗日游击队，要去完成一项战斗任务。当队伍走到武强东北部的樊屯村西边时，突然，从村子里传来“叭——叭——”几声清脆的枪声，接着是一阵紧似一阵的狗叫声。游击队员们听到枪声，知道有敌情，暂时停止了前进。

樊屯村渡口是游击队的必经之路，无论偷渡还是强攻，都必须先摸清敌人有多少兵力，可是派谁去完成侦察任务呢？队长好像自言自语地问着。

“我去！”队长话音刚落，15岁的刘林通从队伍中站了出来。顿时，队员们的目光齐刷刷地射向小林通那矮小的身躯。

> 队员们齐刷刷的目光，流露出了对身材矮小的刘林通的质疑。

“我去！”“我去！”……随后，队员个个勇气十足地争着去完成这个任务。

“大家不要争了，让小林通去吧！他人小，不会引起敌人的怀疑！”队长说着，掏出了一把手枪，对林通说：“你把手枪带上，以防意外。”

“不用，带上手枪让敌人搜着更是麻烦。请队长放心，我一定完成任务！”林通说完，急忙朝樊屯村方向奔去。

小林通来到村口，突然听到一声大喝：“站住！干什么的？”林通顺着声音仔细一看，只见一个伪军哨兵端着大枪走了过来。林通灵机一动，立刻答道：“我是来给皇军送紧急情报的！”说着继续朝前走。

“是什么情报？”哨兵问。

“这是秘密，不能轻易说出去！”林通机智地说。

“你不告诉我就甭想过去！”伪军哨兵说着，把大枪一横，气势汹汹地拦住了林通。

“哼！你敢不让过去？误了大事你吃不了兜着走！到时皇军饶不了你！”

哨兵一听，不免有些害怕，支支吾吾地说：“哎，别当真，我跟你逗着玩的！你给皇军送情报，我哪敢挡啊？快、快、快，别误了事！”

“哼！”林通狠狠瞪了哨兵一眼，往前迈了一步，忽然猛一转身，用手一指他来的方向，故作惊讶地对哨兵说：“坏了！你听，好像有动静，是不是八路跟来了？”

伪军哨兵一听，赶紧端起了枪，心惊胆战地顺着林通手指的方向望去。

斗争中的小游击队员在向敌射击

突然，伪军哨兵觉得有个硬邦邦的东西顶住了自己的后腰，“不许动！喊叫我就打死你！我是八路军，前边那是我们的队伍！快把枪放下！举起手来，向前迈三步！”小林通站在哨兵身后低声命令道。

伪军哨兵被这突如其来的袭击吓呆了，他哆哆嗦嗦地把枪放下，战战兢兢地举起了双手，向前迈了三步，结结巴巴地说：“请饶命，请饶命……”

小林通迅速把手中的木棒扔掉，捡起伪军哨兵扔在地上的大枪，命令道：“老实点，快走！”

“是，是，是！”伪军哨兵只好乖乖地顺着林通指的方向走去。

“说！现在村子里有多少兵力？”林通一边走一边审问。

“有、有5个皇军，不、不，5个鬼子，有21个伪军，连、连我22个。”伪军结结巴巴地说。

“有炮楼吗？有多少条船？”林通问。

“才、才建的炮楼，船、船共有4条。”伪军哨兵边走边交代。

说话间，林通他们很快来到了游击队的休息地，顿时，队员们一下子都围了上来，你一言，我一语，纷纷称赞林通的机智勇敢。

> 通过动作和语言描写，再现了队员们惊喜的场面，突出了刘林通机智勇敢的特点。

就在这一夜，樊屯据点里的敌人还没弄清怎么回事，明晃晃的刺刀已架在了脖子上，伪军们纷纷举手投降，有几个日本鬼子还想顽抗，结果被游击队员轻松解决掉了。游击队带着缴获的枪支弹药等战利品，乘船安全渡过了滏阳河，顺利到达了目的地……

1. 对刘林通矮小的身材，队长和队员们有着怎样不同的看法？

2. 刘林通之所以能够成功俘虏伪军哨兵，主要是抓住了伪军哨兵的什么弱点？

小夫子多多的读后感

刘林通利用自己年龄小，不容易引起敌人怀疑的优势，与敌人巧妙周旋，并伺机制服了敌人，得到了袭击所需的情报。他在行动中表现出来的勇敢和机智令人钦佩，他无愧于“小英雄”这个光荣的称号。

小小资料箱

百团大战

在1940年下半年，彭德怀指挥八路军一二九师和晋察军区等共105团20余万兵力，对华北地区的日伪军发动了一次进攻战役。这次战役共歼灭日伪军45000余人，给日伪军以沉重打击。百团大战是中国八路军与日军在中国华北地区进行的一次规模最大、持续时间最长的战役。

小兵张嘎夺枪记

课文再现

《小兵张嘎夺枪记》（语文S版四年级上册）一文讲述了张嘎发现鬼子进了院子，就大声巧妙提醒屋里的战士们，并协助战士们制服鬼子，还从鬼子手中夺到了一把手枪的故事。故事赞扬了小兵张嘎的机智勇敢。

小夫子多多有话说

大家好！我是你们的小夫子多多。巧报敌情、空手夺枪，小兵张嘎机智勇敢的表现令我们敬佩不已。我们也体会到了他对侵略者的痛恨和中国人民顽强的抵抗精神。哪里有侵略行为存在，哪里就有抵抗的身影。这不，又一批英雄登上了历史的舞台……

课外链接

郦正元灌醉鬼子缴手枪

1945年初，陵口中山桥旁的大寺里盘踞着30多个日寇。共产党员、抗日游击队战士郦正元受组织派遣打入寺内做地下工作。经过周密而精心的准备，郦正元顺利打入敌人中间，在寺内做起了勤杂人员，并取得了寺内3个日寇小头

抗日游击队雕塑图

目的信任。

一天晚上，郦正元准备了三壶酒、一包花生果和两碟炒黄豆，把3个日寇小头目约进了自己的小屋喝酒。郦正元佯装不会喝酒，却一个劲儿地灌日寇头目喝。大约个把小时，三壶酒已经所剩无几了，3个日寇头目也都有了醉意，对郦正元毫无戒备。此时，郦正元为了试探日寇是否还清醒，一边喃喃地说，“太热了，把衣服脱下”，一边趁机把日寇的上衣脱下了，把他们的手枪解下来，全部放在门板后面。果然，喝醉了的日寇什么反应都没有，一会儿就东倒西歪地趴下睡着了。郦正元看时机已到，立即起身将手枪取出，转身关上门就走了。

出门之后，郦正元把手枪藏在早已准备好的装有香灰的小箩筐里，然后挑起箩筐就向寺院大门口走去。大门旁站岗的鬼子看见只是一个勤杂人员挑着香灰出去，既没有查看也没有盘问。郦正元像往常一样若无其事地走出了大门。

“若无其事”一词把郦正元的镇定自若准确地表现了出来。

当天夜里，郦正元就到了联络点，将手枪交给了抗日民主政府的相关人员。从此，郦正元也就离开了日寇据点，参加了抗日地方武装。郦正元就这样耍了日寇一回，他的机智一时成为当地百姓的美谈。

小夫子多多考考你

1. 郦正元一个劲儿地为鬼子斟酒时，鬼子为什么没有起疑心？

______

______

2. 郦正元为什么不直接拿着枪出去，而把手枪放在门板后面？

______

______

小夫子多多的读后感

打入敌人内部是一项非常危险的工作，稍有不慎就会被敌人看出破绽，从而为自己招来杀身之祸。胆大心细的郦正元不仅长期与鬼子周旋，而且让鬼子乖乖“缴枪”，这让我们看到了游击队员非同寻常的智慧和勇气。

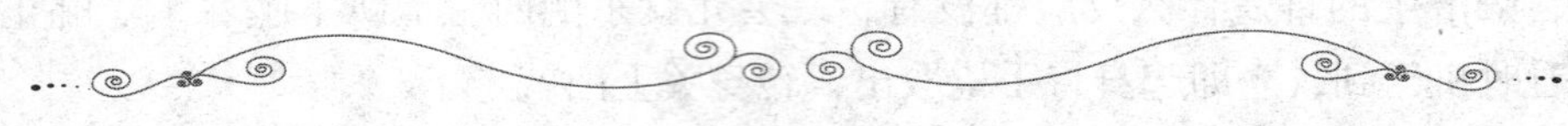

“管半仙”奇门相术搜情报

1939年春，管有为受新四军第一支队陈毅司令员的指示，前往镇江设法搜集日寇的情报。他化名张大同，以镇江一个轮船运输公司副经理的身份和给人算卦为掩护，积极开展对敌工作。

“管半仙”之名很快在镇江地区传开了，不少日伪军翻译找他相面。甚至连驻扎镇江的几个日寇联队长也经常去找他算命，并且夸他的相术“大大的灵”。每当日伪军下乡“扫荡”，事先总要叫他给算一算，什么时辰出动，朝哪个方向最“吉利”。有这样的机会，他总是煞有介事地给他们“算命”，从而摸清敌人的动向，再将情报及时送给相关的抗日组织。

> “煞有介事”一词生动表现了管有为勇敢机智的特点。

1940年1月，驻镇江的日寇抽调兵力，企图水陆并进，对驻扎在镇江某县的新四军挺进纵队司令部发动突然袭击。出发前，他们照例请管有为给他们算命。管有为应邀前往日军参谋部，这次行动的指挥官让管有为算一下，明天晚上往东边进军吉不吉利。管有为一听，心里咯噔了一下：东边不是有

伏击敌人的八路军

挺进纵队的司令部吗？这些鬼子莫不是想袭击司令部？他心急如焚，但毕竟是看面相的人，表情依然很平静。他灵机一动，反过来想这是一个分散镇江日军兵力、各个击破的好机会，于是问日军指挥官道：“有多少皇军去？”

日军指挥官看了他一眼，显然不情愿告诉他。旁边一个汉奸翻译官说：“你只管算卦，问人数干吗？”

管有为瞥了一眼那翻译官，转身对指挥官说：“太君有所不知，从您的面相来看，最近往镇江东部行军确实能立下一个大大的军功。但是……但是人数太少的话……”

日军指挥官来了兴趣，忙让翻译将行军计划以及调遣的人数告诉了管有为。管有为心想：明天晚上他们就行动的话，来不及通知新四军作战略部署；另外，此地共有5个联队的兵力，只出去2个联队，就算把出去的联队全歼了也不足以端掉这个日军据点。于是，他闭上眼睛念念有词地掐了一下手指，然后对日军指挥官说：“太君，按照之前的卦象显示，明天晚上不宜动兵，后天晚上8点出发方为吉时；并且，镇江东部有一股新四军的重要势力，两个联队去的话恐怕吉相也会变成凶相，后果不堪设想。”

日军指挥官一想：这“管半仙”真是不简单，镇江东部的挺进纵队司令部确实是新四军的重要势力，一定有比较严密的防御措施，想要偷袭这个司令部，确实需要更多人力。

管有为看出了这鬼子的心思，顺水推舟地说：“依卦象来看，如果太君能够好好把握，军功大大的。”

日军指挥官“哟西”了一声，哈哈大笑起来。“管半仙”趁机将“卦象”进一步解释：“太君请看，现在我们去2个联队是不行的，4个联队就有足够的把握取得大大的胜利了，到时候，太君将会得到天皇的赏识……”

还没说完，日军指挥官已经高兴坏了，不断点头，把行军计划都按照管有为的“卦象”改了。

管有为回去后，将情报送给了挺进纵队司令部，司令部立即作出战略部署，在日军必经之路上设了埋伏。果然在收到情报后的第三天晚上，将来犯的日军全部歼灭。挺进纵队司令部还将计就计，趁镇江日军大部出击、营地空虚之时，派遣一支兵力端掉了日军在镇江的大本营。

管有为利用“奇门相术”为新四军搜集了许多重要情报，多次瓦解了敌人的行动。日寇屡遭惨败后，对管有为的“奇门相术”产生了怀疑。1940年3月，日寇拘捕了管有为，对管有为施以酷刑，但他坚贞不屈、视死如归。最后，凶残的敌人于3月18日杀害了管有为。

“坚贞不屈”、“视死如归”这两个词语准确概括了管有为的英雄主义精神。

1. 联系上下文，说一说什么是“奇门相术”。

____

____

2. 管有为借助“江湖术士”的身份，为抗战作出了哪些突出贡献？

____

____

小夫子多多的读后感

以“江湖术士”的身份为掩护，与敌人巧妙周旋，这无异于虎口拔牙。但为了国家和民族的存亡，管有为置个人安危于不顾，毅然接受了这项任务，并作出了突出贡献。从他义无反顾的选择和坚强不屈的表现中，我们看到了中国人民反抗侵略的决心。

捉“舌头”

1942年的春天，抗日战争进入了艰苦阶段。日寇为稳固华北战场，对根据地军民进行疯狂的“清剿”，根据地一度陷入白色恐怖之中。游击队长魏占文一边积极做好对群众的宣传和发动工作，一边带领游击队员与敌人巧妙周旋。

一天，魏占文派出刘久、刘全喜等几个儿童团员到村后放哨。小刘久他们扮成放羊娃，装作若无其事地说笑、打闹。这时从大路上过来一个骑马的伪军，他盯着孩子们看了半天后问道：“去金村怎么走？”西南方向的金村设有日军据点，听他这么一问，儿童团员们便知道了他的来意。机灵的小刘久眼珠一转，马上指着西北方向回答：“往那边。”伪军毫不迟疑地骑马走了。

> 综合运用神态、动作和语言描写，表现了小刘久聪明机智的特点。

刘久随即回村向魏占文报告了这一情况，经验丰富的魏占文马上推测：这个伪军很可能是给鬼子送信的，因为前几天游击队把鬼子的电话线掐断了，打不通电话的鬼子只好派人在据点之间来回传递消息。

魏占文马上召集游击队员，在伪军必经之路用绊马绳设下埋伏。果然不出所料，那个伪军很快就垂头丧气顺原路返回了，等他走近，游击队员猛地一拽绊马绳，伪军连人带马应声倒地，魏占文迅速上前生擒了这个伪军，然后把他带回了村子。

经审问得知，这名伪军是城里的鬼子派来给金村据点送信的，约定两天后一起去“扫荡”。事不宜迟，魏占文连夜赶到县城，将这个重要情报送到了县武工队。武工队经过缜密分析后，决定在敌人必经之路打一场伏击战，并要求魏占文的游击队一同作战。魏占文接到命令，当天夜里就带领游击队员进入了伏击地。

第二天天刚亮，金村据点的伪军队长魏立本就骑马出来为鬼子探路。魏立本进入伏击圈后，县大队的一位负责同志示意放他过去。果然，不一会儿，魏立本领着一队日本鬼子又赶了回来，等鬼子队伍全部进入伏击圈后，县大队负责同志一声令下，埋伏在大路两边的队员们一齐开火，一颗颗手榴弹在敌人中间开了花。

战士们正庆祝胜利

敌人被这突如其来的袭击打蒙了，还没来得及还击就纷纷倒地毙命。几个侥幸没死的鬼子也只好乖乖举手投降，成了这次伏击的“战利品”。

自此，魏占文成了鬼子和日伪的眼中钉、肉中刺，一提起他的大名就让鬼子闻风丧胆。

1. 本文标题中的“舌头”具体指什么？这里运用了什么修辞手法？

____

____

2. 根据你对短文的理解，调整下列排列错乱的句子的顺序。

①根据从伪军口中得到的情报，游击队员对敌人展开伏击。

②刘久回村向魏占文报告发现敌人的情况。

③根据儿童团员的情报，游击队员捉住了为鬼子送信的伪军。

排序：______________________________

小夫子多多的读后感

儿童团员充分发挥自身优势，为战士们站岗放哨、搜集情报，在敌后与敌人展开各种形式的斗争。在他们身上，我们不仅感受到了中国人民高涨的抗战热情，也看到了民族的希望和未来。

抗日英雄杨靖宇

课文再现

《抗日英雄杨靖宇》（西师大版六年级下册）一文主要记叙了抗日英雄杨靖宇将军在领导东北抗日联军与日寇的斗争中，在极其艰难困苦的情况下带头吃榆树皮，以及孤身与敌人战斗而壮烈牺牲这两件事。赞扬了杨靖宇同志的革命乐观主义精神和忠于革命的崇高品质。

小夫子多多有话说

大家好！我是你们的小夫子多多。在中华民族生死存亡的紧要关头，英勇的中国人民奋起抵抗。英雄们用勇气和智慧，用鲜血和生命，书写了一曲曲感天动地的千古绝唱。杨靖宇、华一鸣、李光善、赵尚志、王凤阁……让我们重温他们辉煌的故事，让我们记住这些英雄的名字。

课外链接

英雄侦察员侯连智

侯连智是我们的英雄侦察员，1942年初秋的一天，他与区长房家书一块

硝烟弥漫的抗日战场

儿外出执行任务。房区长看中了侯连智的小手枪，试探着说：“小侯，把这把小手枪送给我吧？”侯连智摇摇头，他舍不得。房区长又说：“反正你是从鬼子手里得的，你再弄一把不就得了？”这一句话提醒了小侯，他想：今天邵而正好有集会，我何不到那里试一试？于是他对房区长说：“咱俩去邵而赶集去，我一定给你弄把好的。”房区长听了很高兴。

他们二人走了10多里，来到邵而村头。侯连智说：“前边有岗哨，带枪不好进，你先替我保管这把手枪，并在这里等我。”区长怕他一人不安全，要和他一块儿去，但被他拒绝了。

侯连智来到邵而集上，见赶集的有鬼子也有汉奸，但都是背长枪的，连一个佩手枪的军官也没有。他在街上走来走去，终于看见一个腰里插手枪的鬼子。于是，他跟在鬼子身后，寻找下手的机会。后来那鬼子走进一个高门楼的院子里去了，他不知道院里情况，不敢贸然往里闯。他向当地老百姓打听，知道院里住着汉奸队长和他的家眷。他想，这个鬼子肯定是找汉奸队长有事，一会儿他肯定出来。他在大门附近走来走去，看见街上有一堆石灰，忽然心生一计，就把香烟盒里的香烟取出来，装了一烟盒干石灰粉，在大门附近等着。

当这个鬼子从院里出来时，他拿着香烟盒笑容满面地迎了上去，恭恭敬敬地说：“太君，请吸烟！”鬼子一看侯连智，穿大褂，戴礼帽，并不认识，就有些犯疑。可是不等他反应过来，侯连智已将烟盒里的石灰粉撒在他的两眼上。鬼子的眼睛看不见东

> 通过动作描写再现了侯连智夺枪的过程，表现了他敏捷的身手和勇敢的精神。

西了，侯加智立即拔出匕首将鬼子刺死，夺了鬼子的手枪直奔村外，钻进了“青纱帐”里。

来到邵而村南头，侯连智把得来的手枪交给房区长，房区长看到这把乌黑铮亮的手枪，高兴地说：“小侯，你真行！”

小夫子多多考考你

1. 是什么原因促使侯连智在邵而集上赤手夺枪？从这里可以看出他的哪些特点？

____

____

2. 请把下面的直述句改写成转述句，并且不改变原句的意思。

于是他对房区长说：“咱俩赶邵而集去，我一定给你弄把好的。”

____

____

小夫子多多的读后感

发现鬼子后，侯连智并没有贸然下手，而是先打听对方的情况，做到知己知彼、万无一失。不仅如此，他还善于把握下手的时机，把鬼子打得猝不及防。可见侯连智不仅胆识过人，而且善于运用策略，这才是他出奇制胜的关键。

只身闯虎穴

1945 年7 月，抗日战争已接近最后的胜利，为迎接这一胜利时刻的到来，新四军沿江支队六连奉命消灭安徽省巢县长岗井日伪据点。

当时，六连的装备很差，100 多人，除有几支枪外，全是梭镖、大刀。但是，大家信心十足：长矛不换成钢枪，不是好汉；不消灭日本鬼子，不算英雄。

24 日深夜，一支整齐的队伍开始向巢县长岗井进发，队伍中有一个年轻的小战士，他叫李光善。别看他不满18 岁，可已经是个预备党员了。在这次攻打长岗井的战斗中，他坚决要求参加突击队。

突击队员每人身背一把明晃晃的大刀，以迅雷不及掩耳之势，直插到敌人据点的前沿。敌人的防御工事非常坚固，3米多高的围墙，四角矗立着将近7 米高的碉堡，围墙外还有两圈3 米多深的壕沟和两圈用树枝围成的障碍。

三排副排长带领九班副班长和李光善组成的突击队，冒着枪林弹雨，用大刀削平了障碍，开出一条通道，进入了深壕沟。突然，三排副排长腿受了伤，李光善踩着九班副班长搭成的人梯，翻进了第二道壕沟。

狡猾的敌人发现了他俩，端着刺刀，嚎叫着从两面逼来。他俩背靠着背，抡起大刀，同敌人展开了肉搏战。伪军发现李光善身材瘦小，于是狂叫着："捉活的！"这时只见李光善的大刀上下翻飞，一会儿工夫，劈死了好几个敌人。顿时，敌人慌了手脚，连连向后退，李光善乘胜追击，

行进中的红军队伍

杀出一条血路，冲到桥上，“咔嚓”一声，手起刀落砍断了绳索，吊桥落了下来。他大喊一声：“同志们！冲啊！”然后率先冲过桥去。

突击队员们紧随其后，风驰电掣般地冲了上来，怕死的敌人躲在碉堡里，凭着坚固的工事，对吊桥加强了火力封锁，企图阻止攻城的六连后续部队前进。这时，李光善发现壕沟旁边有一架竹梯，就冒着浓烟和呼啸的子弹冲过去，扛起梯子，竖在了敌人碉堡的窗口旁。他手拎大刀，顺着梯子，爬近窗口，向里一看，六七个敌人正往外扔手榴弹。李光善立即掏出两颗手榴弹狠狠地从窗口砸了进去。“轰”、“轰”两声巨响，里面的敌人报销了。

“拎”、“爬”、“看”、“掏”、“砸”等一连串动作，表现了李光善敏捷的身手和无畏的精神。

战斗更加激烈，敌人的土围子把六连的主力挡住，不能前进。李光善看在眼里，急在心上，他稳了稳神，从窗口迅速跳进碉堡。他拾起地板上敌人的手榴弹，往腰里一别，飞身下楼，只身冲到碉堡底层。

院子里的敌人，像一群疯狗，乱作一团。李光善接连向敌人投出了一串手榴弹，炸得敌人血肉横飞，抱头鼠窜。在混乱中，李光善又挥起那闪亮的大刀，冲到大门边，使劲地拉开铁柱，打开大门，然后高喊：“同志们，朝这里冲啊！”

“冲啊！”“杀啊！”战士们举起大刀，挥舞着长矛，冲进了围子。敌人见势不妙，又无路可逃，只好乖乖地缴械，举手投降。

战斗结束了，我军取得了胜利，据点里日伪军一个中队34人无一漏网。独闯虎穴，勇敢杀敌，为这次战斗胜利立下汗马功劳的李光善也受到了上级领导的表扬。

1. 作者在本文开头，特意交代了六连的装备情况，这样写有何用意？

2. 请把下面的肯定句改写成双重否定句，并且不改变原句的意思。

敌人见势不妙，又无路可逃，只好乖乖地缴械，举手投降。

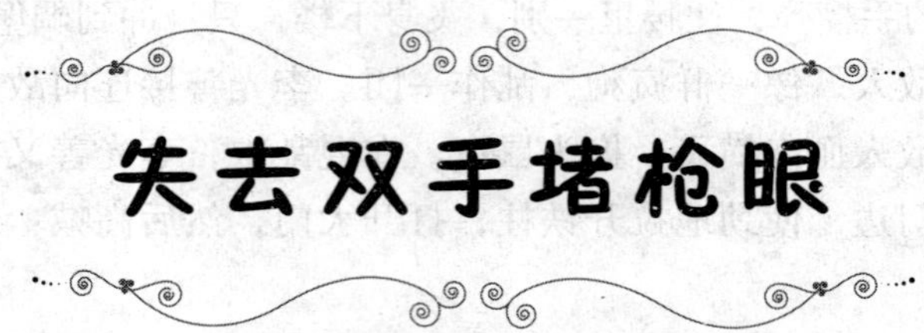

六连虽然只有100 多人和几支枪，但却攻破了敌人坚固的碉堡，把敌人打得落花流水。李光善矫健的身影，不仅让我们感受到了他超人的胆魄，也感受到了他对侵略者的痛恨和对胜利的渴望。

失去双手堵枪眼

1945年，随着抗日战争的节节胜利，新四军决定收复被日军长期占据的淮阴城。

战斗打响了，军分区司令员刘震亲自指挥战斗，我军迅速扫除了敌军守城的外围据点，很快，淮阴城便孤立无援了。这时，刘震司令员下令攻城。

战士们听到命令，如猛虎下山一般，向淮阴城冲去，特别是十旅特务团班长徐佳标，他背插一面火红的战旗，一直冲在最前面。敌人疯狂地扫射着，子弹射穿了徐佳标的帽子和衣服，但是，他全然不顾，勇猛地冲到高大的城墙下。

> 动作、行为描写表现出了徐佳标的英勇。

一架架云梯靠在了城墙上，勇士们奋勇而

上。敌人见势不妙，赶紧集中火力，向云梯拼命扫射，手榴弹也一颗接着一颗从城上往下扔，城墙上一片火海，几架云梯被炸翻，许多战士英勇牺牲。

在这危急关头，徐佳标没后退半步，他飞身攀上刚刚架起的云梯，一边向上射击，一边奋勇向上攀登。就在他距城头只有一步时，脚下一声巨响，云梯被炸断了，他眼疾手快，一下抱住了城垛，接着，一个鹞子翻身，跃上了城头。然而，几乎同时，一名凶残的敌人手持马刀，恶狠狠地向他劈来，徐佳标躲闪不及，双手齐腕被砍断，他大叫一声，昏倒在城垛边上。他背上那面火红的旗帜，在城头上迎风招展。

战士们看到城头上飘扬的战旗，勇气倍增，向敌人发起了更为猛烈的冲击。云梯一次次地竖了起来，但又一次次被敌人炸断。受伤的战士不顾伤痛，顽强地搭起了人梯，突击队员们终于登上了城头。

冲锋号声响了，第二梯队踏着突击队开辟的道路，向城池冲去。突然，一阵猛烈的射击，阻止了部队的前进。原来，是城墙上一个暗堡开了火，黑洞洞的枪眼里，不断喷出猛烈的火舌。突击队和后续部队的联系被切断了，而冲上城头的突击队员又暴露在敌人暗堡前，情况万分紧急。

搭着云梯攻城

这时，昏迷的徐佳标被枪声惊醒了。他一眼看见从身边暗堡内连续不断喷出的火舌和倒在血泊中的战友，顿时明白了发生的一切。满腔的仇恨和怒火化成了一股巨大的力量，他伸出被鲜血染红的双肘，支撑着虚弱的身体，艰难地向射孔爬去，城墙上，洒下了他那斑斑血迹。距离目标越来越近了，而徐佳标每爬一步，都要忍受剧烈的疼痛。终于，徐佳标使出全身最后的力气，猛扑上去，用自己满是鲜血的身体紧紧地堵在敌人枪口上。

前进路上的一大障碍被铲除了，战士们看到徐佳标这惊人的壮举，热血沸腾，仇恨满胸，他们高喊着："为英雄报仇！”以排山倒海之势冲上了城头，迅速消灭了城头上的敌人。战友们抱起扑在枪眼上的徐佳标，只见他的腹部被敌人的子弹打成了蜂窝状。

淮阴城的敌人被全部歼灭了，古城又回到了人民的怀抱。人民没有忘记为战斗胜利而舍身堵枪眼的英雄，党和政府授予这位战士“淮阴战斗英雄”的光荣称号，并号召向他学习！

小夫子多多考考你

1. 为了用身体堵住敌人的枪眼，徐佳标克服了什么困难？你有何感受？

____

____

2. 在形势非常危急的情况下，如果徐佳标有时间思考，他想得最多的会是什么？

____

____

小夫子多多的读后感

看到暗堡内连续不断喷出的火舌，失去双手的徐佳标艰难爬行到敌人的暗堡旁，用身体堵住敌人的枪眼，为战友们的进攻扫除了障碍。他用世界上最悲壮的方式诠释了什么叫英雄的豪迈，什么叫革命者的信仰！

死也不能倒下

吉鸿昌出生于河南省扶沟县一个贫苦的农民家庭。生活的磨炼，造就了他刚直倔强、富于正义感的性格。吉鸿昌作战勇敢，有胆有谋，是个令敌人闻风丧胆的抗日英雄。

1934年11月9日，正在与反蒋抗日人士会谈的吉鸿昌，被国民党特务开枪射伤，随后被关进了监狱。在狱中，国民党特务用尽了各种方法来诱惑他，但都被吉鸿昌严词拒绝了。

吉鸿昌

审讯室里，反动头目何应钦厉声问他："你为什么搞抗日活动？快说出你们的秘密来！"吉鸿昌义正词严地答道："抗日，是四亿五千万中国人民的事情，有什么秘密？而你们暗地里和日本勾结，祸国殃民，干些不明不白的勾当，你们心中才有鬼，你们才有秘密！"

听了这话，何应钦气急败坏，向吉鸿昌瞪着血红的眼睛。

"给我上刑！"疯狂的特务们将滚烫的烙铁烫在吉鸿昌身上，吉鸿昌疼得浑身抽动。一会儿，何应钦又强装笑脸假惺惺地凑过去说道："你这又是何苦呢？只要你说出为什么加入共党，我们就立刻放你回去。"

吉鸿昌狠狠地看了他一眼，坦然答道："我加入共产党，是为全人类的正义进步而斗争，这是我的光荣！"

24日，吉鸿昌被押往刑场。他披着黑色的斗篷，大步走上刑场，一路上态度从容，谈笑自若。在刑场上，他还以树枝做笔，以大地为纸，写了一首诗："恨不抗日死，留作今日羞。国破尚如此，我何惜此头？"

> 通过动作、神态刻画，表现了吉鸿昌视死如归的英雄主义精神。

写完这首大义凛然的就义诗后，他厉声对刽子手说："我为抗日而死，不能跪下挨枪，我死了也不能倒下！给我拿个椅子来，我得坐着死。"接着又说："我为抗日死，死得光明正大，不能在背后开枪。你在我面前开枪，我要亲眼看到敌人的子弹是怎样打死我的。"当刽子手在吉鸿昌面前颤抖地举起枪时，他奋力高呼："抗日万岁，中国共产党万岁！"

吉鸿昌实现了他"死也不能倒下"的愿望，他的爱国主义精神，将永远活在人间。

小夫子多多考考你

1. 标题"死也不能倒下"在文中具体指什么？

____

____

2. 请用几个恰当的词语，概括吉鸿昌英勇就义前的表现。

____

____

小夫子多多的读后感

面对敌人的威逼利诱，吉鸿昌始终没有动摇抗日讨蒋的意志，他怒斥敌人的声音和坚定的誓言，久久回响在祖国大地上，回响在人们的心里。从这些慷慨激昂的话语中，我们感受到了他豪迈的英雄气概和坚贞不屈的精神。

狼牙山五壮士

课文再现

《狼牙山五壮士》（人教版五年级上册）一文记叙了抗日战争时期，八路军某部七连六班的5个战士，为了掩护群众和连队转移，诱敌上山，英勇杀敌，最后把敌人引上狼牙山顶峰，英勇跳崖的故事。故事赞扬了抗日英雄们热爱人民、仇恨敌人，为祖国、为人民勇于牺牲的大无畏精神。

小夫子多多有话说

大家好！我是你们的小夫子多多。面对装备精良的日本侵略军，中国军民无所畏惧。惨烈的战斗表明了中国人民誓死抵抗侵略的决心，即使战斗到最后一刻，也坚决捍卫民族的尊严。让我们通过一幕幕悲壮的场面，感受他们豪迈的英雄气概。

课外链接

14 勇士悲壮跳崖

1942年11月2日拂晓前，日军8000余人在炮兵、空军的配合下，突然向沂水县笛崮山区合围过来。形势非常危急，山东军区副司令员王建安命令军区特务营，迅速抢占笛崮山顶阻击敌人，并掩护军区机关突围。

天渐渐亮了，敌人的骑兵在周围的山坡上蹿上蹿下地巡逻，步兵也正在向山头蠕动。突然，远处一阵轰鸣，敌人开始了炮击，小高地立刻被团团黑烟笼罩着。猛烈的炮击持续了40多分钟才渐渐停止。接着，暴风骤雨般的枪声和手榴弹爆炸声越响越凶。

运用比喻的修辞手法，生动表现了激烈异常的战斗情景。

一个钟头过后，枪声稀落下来，小高地周围的烟雾消散了，战士们看到山头下面露出了一面日本国旗。“同志们，不让敌人前进一步，为烈士们报仇！”阵地上立刻响起一片悲壮、激昂的呼声。每个人的眼睛里都闪射着宁死不屈的光芒，仇恨的子弹纷纷射向了敌人，刚刚攻上来的敌人又被压了下去。

10点30分左右，北面敌人的炮群又开始袭击笛崮山主峰，顿时山上硝烟弥漫，弹片和石块乱飞，不少战士牺牲、负伤。

炮声过后，敌人从三面发起了猛攻。特务营一连连长王继贤，在前沿阵地上指挥部队反击敌人。一排排手榴弹倾泻下去，土黄色的敌人尸体越积越多。我军的伤亡也在不断增加。但战士们以坚强的意志和汹汹的气势，打退了敌人一次又一次冲锋。

午后1点多钟，特务营各连相继报告，手榴弹打光了。正在这时，西面的敌人涌进了一连的阵地前沿。连长王继贤带着十几名战士跳出了工事，与敌人拼刺刀。战士们激昂的呼号声、敌人尖厉的嚎叫声和刺刀搏击声响成一片。经过20多分钟的厮杀，敌人扔下10多具尸体，溃退下去，西线又是一阵沉寂。

战士们在打鬼子

下午4点多的时候，军区机关的参谋、干事和首长的警卫人员全部投入了战斗，又打退了敌人的一次冲锋。

天色渐渐昏暗下来后，王建安副司令员决定带机关突围。他命令特务营仅剩下的几十人负责掩护，等机关突围20分钟后，再迅速撤离。

当500多人的特务营只剩下包

括营长在内的14名同志时，敌人的又一次冲锋开始了。山坡上密如蚁群的鬼子，从三面步步逼近，东面的倒下去，西面的又涌上来……战士们的子弹大都打光了。这时，敌人更加近了。根据时间判断，首长和机关已经突出了重围，于是营长命令大家边打边撤。但敌人步步不离，紧紧跟来。战士们一直退到东面悬崖顶上，再无处可退了。

营长看着战士们，问道："同志们，我们是什么队伍？"战士们齐声答道："我们是人民的战士，共产党的队伍！""能让敌人抓活的吗？""不能！"14名战士一下围拢起来，紧紧地抱着，互相看着，没有恐惧，没有悲伤，眼睛里喷射出无比仇恨的火焰。沉默了许久，营长一声高呼："跳！"战士们一个跟着一个，紧紧抱着枪，飞身跳下了悬崖深谷。

小夫子多多考考你

1. 14勇士是在什么情况下做出跳崖决定的？

____

____

2. 根据提示，补充下面的句子。

14名战士一下围拢起来，紧紧地抱着，互相看着，没有恐惧，没有悲伤，有的只是

____

____

小夫子多多的读后感

为掩护首长和机关安全撤离，特务营尽管由500多人减员到14人，他们仍然没有放弃顽强抵抗。成功完成任务后，他们义无反顾地选择了跳崖。这悲壮的一跳不仅显示了战士们视死如归的崇高境界，也让日本侵略者见识了中国人高尚的气节。

马石山上

天快要大亮了，可还有一部分群众尚未突围。班长王殿元明白，此时再返回去肯定是凶多吉少。可是作为人民子弟兵，能眼睁睁地看着自己的同胞被敌人杀害吗？不能！于是，他以坚定的口气对战士们说：“同志们，走，咱们再冲回去！”

六班9名战士又来到马石山西侧的一条山沟里。周围响起了时起时落的枪炮声，漫山遍野布满了搜山的日伪军。敌人开始“收网”了。

“乡亲们，快跟我们冲出去！”王殿元大声地招呼躲在沟内的群众。

晨曦中，只见六班9名战士迅速抢占有利地形，向敌群发起了猛烈攻击。没等敌人还击，他们就端着刺刀，冲进了敌群。战斗中，两位年轻的战士倒下了。他们用鲜血和生命为被围困的群众打开了一个突破口。“口子撕开了，快跑呀！”激战中，不知是哪位战士喊了一句。受惊的群众听到喊声，一齐向突破口跑去。

就在群众顺着这个口子蜂拥突围的时候，日军两个小分队分别从东西两面围过来。王殿元当机立断，命令全班：“牵制住敌人，把鬼子引到山上去！”战士们将敌人火力吸引过来后，拔腿往山上跑。日军一看八路军跑了，丢下群众追上来。战士们边打边退，一直把敌人引到半山腰。估计突围的群众大都跑了出去，战士们登崖攀壁，上了马石山主峰。

马石山峰顶南北约40米宽，东西不足300米长。峰北是悬崖峭壁，东西两面坡陡，不易攀登。南面坡度较缓，但山路险峻。主峰上遍布嶙峋突兀的岩石，山顶中央有一块平坦的草地，周围被断断续续的

环境描写突出了马石山峰顶地势险要、易守难攻的特点，暗示战士们已经没有了退路。

石墙围着。

上午8时许，敌机又一次飞临马石山上空盘旋，投弹轰炸。接着，山南坡的敌人摆开一条长蛇阵，密密麻麻地向山顶扑来。当第一批敌人爬到离山顶只有五六十米的时候，王殿元一声令下，大个子战士赵亭茂的机枪首先开火。接着，大家的步枪也一齐向敌群射击。敌人的第一次冲锋被打了下去。

敌人发起第二次冲锋时，六班的子弹已经打光了。“同志们，用石头砸！”一块块大石头从山顶滚滚而下，直砸得敌人东躲西藏，鬼哭狼嚎。敌人又一次被打了下去。

六班战士以压倒一切敌人的英雄气概，凭借有利地形，利用山上的石块，与数十倍的敌人拼搏了5个多小时。王殿元看了看身旁的战士，活着的只有赵亭茂和李贵二人了，而且都负了重伤。他检查了全班的弹药，只剩下两枚手榴弹了。

中午，日军调集大量兵力，从马石山南面和东西两侧，又一次向山顶发起猛攻。王殿元把两位战士召集在一起，神情严肃地说：“今天我们完成了一项非常光荣的任务。我们同地方干部、民兵一道，往返数次冲破敌人的火网，护送出大批群众，打死了七八十个鬼子，我们没有辜负党的培养和人民的期望。现在，我们冲出去是不可能了，并且只剩下这两颗手榴弹，大家看该怎么办？”

战士李贵坚定地说，“我们是革命战士、共产党员，活不当俘虏，死不缴枪支，咱们先把枪砸了吧！”

“对！”王殿元接上说，“革命的武器，决不留给敌人！”

王殿元说着，先把自己的枪砸了，接着又同李贵把烈士们的枪支找来……

然后，王殿元把两颗手榴弹紧紧握在手里。敌人嚎叫着向山顶冲来。王殿元用尽全力，把一颗手榴弹扔向敌群。

在敌人即将冲到跟前时，英雄的六班班长王殿元，战士赵亭茂、李贵，拉响了最后一颗手榴弹，与敌人同归于尽。

日军撤离马石山后，人们来到烈士浴血奋战的主峰，找到了王殿元、赵亭茂、李贵的遗体，只见他们依然怒目圆睁。乡亲们把他们安葬在山顶那棵平顶松附近，并为他们和所有在马石山牺牲的烈士竖立了纪念碑。

1. 请用自己的话，概括故事的主要内容。

____

____

2. 请结合文章具体内容，分析王殿元这个人物形象。

____

____

小夫子多多的读后感

“我们是革命战士、共产党员，活不当俘虏，死不缴枪支！”多么豪迈的誓言！多么顽强的精神！多么崇高的境界！通过战士们视死如归的行动，我们体会到了他们对祖国的热爱和对敌人的痛恨，也从他们身上看到了战士们的英雄气节。

1938年10月，东北抗日联军中的8名女战士，在与敌军激战之后投江殉国，表现出了中华民族同敌人血战到底的英雄气概。

这8名女战士分别是：冷云、胡秀兰、杨贵珍、郭桂琴、黄贵清、李凤

善、王惠民、安顺福。冷云，原名郑志民，她是妇女团的指导员。这年夏天，她独自承受着失去丈夫周维仁的巨大悲痛，告别了刚刚出生的婴儿，随第五军第 1 师开始西征。在西征队伍中，妇女团的战士们和男战士一样跋山涉水，英勇作战。八九月间，西征部队在苇河、五常境内与日伪军连续作战，遭受了重大损失，于是决定返回牡丹江下游刁翎地区寻找军部。

就在这支百余人的队伍突围的时候，他们被乌斯浑河挡住了去路。10月的北方天气已经非常寒冷，再加上抗联队伍连日奔袭，战士们已经是又饿又累，师长决定在岸边休息一夜，第二天早晨过河。

当晚，部队在河畔露营后，燃起了几堆篝火取暖。日伪特务发现江边有篝火闪动，向日本守备队报告有抗联战士在江边休息。后半夜，日军集合了1000多日军与伪军将抗联战士包围。拂晓时，师首长命令以冷云为首的 8 名女同志先行渡河。当她们正要下河时，突然枪声大作，原来日伪军发动了进攻。大部队只好边打边撤。

此时情况十分危急，但冷云却非常冷静。她命令其他7名女战士卧倒。由于敌人没有发现她们，为了掩护大部队突围，冷云决定放弃渡河，马上向大部队逼近。

她果断将女战士分成3个战斗小组，从背后袭击敌人。正在追赶抗联主力部队的敌人突然遭到来自侧后方的打击，一下子慌了神，以为中了埋伏，慌忙抽出一部分兵力向她们还击。大部队乘机突出了日军的包围圈。冲出去的同志最后听到她们齐声喊——“快往外冲啊！保住手中枪，抗战到底！”日军在得知她们只有8名女兵时，变得更加猖狂，边打边叫：“乖乖投降吧！皇军不会亏待妇女！”

当大部队发现还有8名女战士没有冲出日军的包围后，多次组织抗联战士回来营救，终因日军火力强大未能成功。

被包围的8名女战士只好背水一战，在投出最后一颗手榴弹后，她们趁敌人卧倒的机会毁掉枪支，挽臂涉入了冰冷的乌斯浑河中……敌人冲到河边，望着河流中的女战士怪叫着，企图让她们投降。8名女战士毫不理睬，迎着滚滚的河水，继续前进。八女投江的悲烈壮举，令敌人震撼，日军指挥官连声哀叹：“连女人都不怕死，中国灭亡不了！”

最后，穷凶极恶的敌人向她们开了炮，顿时，鲜血染红了波涛汹涌的乌斯浑河。8名女战士壮烈牺牲了。她们用自己的鲜血换来了大部队的安全撤离，她们的英勇事迹将永载史册。

1. 8位女战士是在什么情况下向敌人发动攻击的？你从中感受到了什么？

2. 本文最后一段的议论有何作用？

小夫子多多的读后感

为掩护大部队成功撤离，8位女战士主动出击，有效牵制了敌人的进攻。完成任务后，为了不落入敌手，她们从容走进了冰冷的江水中，把中国人民勇敢无畏的精神表现得淋漓尽致。她们虽然英勇牺牲了，但她们的名字却深深地刻在了人们的心中。

资料箱

东北抗日联军

东北抗日联军是中国共产党创建和领导的东北各族人民的抗日武装力量。它的前身是东北抗日义勇军余部 、东北反日游击队和东北人民革命军。它是20世纪三四十年代中国人民反抗日本帝国主义侵略的伟大民族解放战争的重要组成部分，在中国的革命史上有着不可磨灭的伟大功绩。在日本侵略者的大后方，他们奋起自卫，在长达14年之久极其艰难困苦的岁月里，同日本帝国主义侵略者进行了艰苦卓绝、不屈不挠的浴血奋战，歼灭和牵制了数十万日伪正规军，为东北和全国抗日战争的胜利作出了重要贡献。 他们可歌可泣 、英勇无畏的牺牲精神，是中华民族为争取独立宁死不屈精神的集中体现。

解放战争的故事

阅读导航

为了争取民族的全面解放，在赶走日本侵略者之后，人民解放军又和国民党反动派展开了艰苦卓绝的斗争。在我军指战员的英明决策和出色指挥下，人民解放军创造了一个又一个战争奇迹，表现出了超人的胆识和卓越的智慧。在血与火的洗礼中，人民解放军的力量迅速壮大，并最终以一泻千里的气势，彻底推翻了国民党的反动统治，迎来了新中国的诞生。我们会永远记住那些勇敢的英雄，以及他们所创造的辉煌历史，是他们用鲜血换来了我们今天幸福、安定的生活，他们的名字将永远与共和国同在。

珍贵的教科书

课文再现

《珍贵的教科书》（北师大版三年级下册）一课记叙了在革命战争年代，张指导员为保护教科书，用身体挡住了敌机轰炸，而光荣牺牲的感人事迹。文章表现了革命先烈对下一代的殷切希望，以及为了他们而勇于献身的崇高精神。

小夫子多多有话说

大家好！我是你们的小夫子多多。在革命战争年代，条件非常艰苦，革命前辈们在克服恶劣生活条件的过程中，表现出了顽强乐观的精神和良好的作风，受到群众的一致拥护，也给后人留下了一个个感人的故事……

课外链接

一双布鞋

描写当时恶劣的天气条件，突出了后文布鞋的重要意义。

那是1947年7月24 日，我军某团准备迂回到敌人背后打一个突然袭击。出发前，天气十分晴朗。当部队赶到龙岗时，忽然狂风大作，大雨倾盆，到了傍晚，又下起了鹅毛大雪。7 月天下大雪，真是少见。战士们被大雪淋透了，再加上气温急剧下降，个个冻得直打哆嗦。由于部队连续急行军，大家又累又饿，两条腿渐渐不听使唤了，有的战士实在坚持不住了，就倒在了路上。无奈，部队只好就地宿营。

由于长时间行军，医生秦克夫的一双草鞋早磨烂了，没办法，只好光着脚丫子赶路。傍晚，房东王大娘看见他光着脚丫子，上面满是血泡，赶忙烧了洗脚水，亲切地对他说："孩子，用热水泡泡脚，暖暖身子骨吧。"看着大娘布满皱纹的慈祥面容，秦克夫不禁想起了自己的母亲，心里非常感动。

吃过晚饭，大娘的女儿忽然在床上呻吟起来，连声喊冷，浑身打战，秦克夫伸手一摸，她额头像火一样烫。秦克夫知道，这是一种急性传染病，当地俗称"打摆子"。于是当即取出几片"黄奎宁"，赶忙给她服下。

布鞋

吃过药后，王大娘的女儿安静了些，秦克夫见她面孔又瘦又黄，就拿出一些药送给王大娘。王大娘知道这些药品来之不易，她看了许久，然后推开，感激地说："孩子，队伍上人多，你们留着用吧。"

"大娘，都是一家人嘛！没有你们，我们也打不了胜仗啊！"秦克夫有些激动。老人家见他态度坚决，也就收下了。

第二天天不亮，大娘就为大家做好了饭。部队出发时，大娘将一双粗布鞋塞进秦克夫的挎包。

"这，我不能要。"秦克夫赶紧往外掏。大娘按住他的手，慈祥地说："孩子，你光着脚丫子怎么行军赶路？就凑合着穿上吧。"秦克夫急了："大娘，我们有纪律的……"不等他说完，大娘就板起了脸："你不是说咱们是一家人吗？你们行军打仗为了谁？还不是为了让俺穷人过好日子。"无奈，秦克夫只好收下了这双粗布鞋。

小夫子多多考考你

1. 除了一双布鞋之外，还有哪些内容可以表现出军民之间的深厚情谊？

____

____

2. 你从文中的故事里，感受到了大娘怎样的特点？

____

____

小夫子多多的读后感

在我们今天的生活中，一双布鞋的价值是多么微不足道啊！然而在那战争的岁月里和恶劣的自然条件下，一双布鞋不仅为秦克夫医生解了燃眉之急，也让战士们感受到了军民之间的深厚情意。

9条肥皂

1949 年7 月中旬，解放军第一野战军奉命追击逃敌。部队长途跋涉，风尘仆仆地来到一座小县城。三营的几个战士看见北街东头一个杂货铺里摆着肥皂，心想：行军这么多日子，穿的衣服该洗一洗了。于是，等部队驻扎下后，战士们便请了假，到街上去买肥皂。

杂货铺的掌柜叫彭发，是个60 多岁的老大爷，全家就靠这点小本生意维持生活。彭发老汉见一下这么多当兵的来买肥皂，心里又喜又怕：喜的是这么多人来买肥皂，可多赚一些钱；怕的是当兵的手里有枪，把东西拿走不给钱也没有办法，因为国民党兵在这里时，就出现过这种情况。老汉不敢怠慢，连忙搬凳子、倒水，殷勤地接待战士们。

> 生动的心理描写，表现了老汉矛盾的心情。

一条肥皂值西北农币80 万，折合当时的人民币400 元，可是，由于彭老汉没花惯人民币，再加上紧张，错算成40 元一条。战士们哪里知道内情，老汉要多少，就给多少，这个买，那个也买，一会儿工夫，就卖出了9条肥皂。

等人走了以后，彭老汉很高兴，把票子抓在手里，一张一张地数，一元一元地算，这才猛然发现算错了账，少要了钱：“唉呀！这可咋办？人都走了，到哪里去找？就是找到他们，当兵的也一定不认账，说不定自己还要吃亏。算了！”彭老汉赶忙把铺

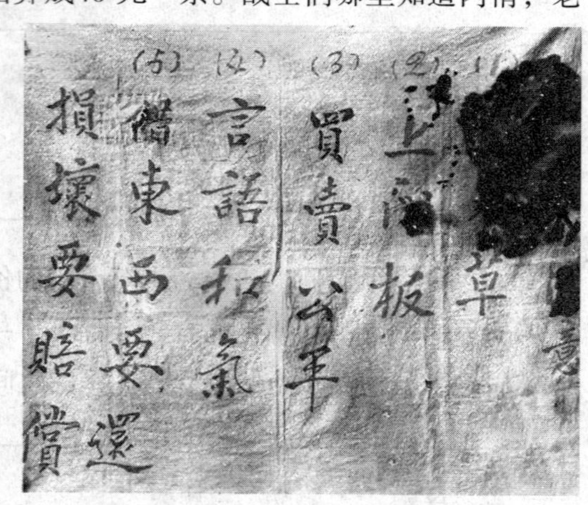

解放军军纪中的八项注意

门关得紧紧的，听着大街上过队伍的脚步声，心里非常难受。

部队驻下后，战士们都听说了40元一条的肥皂，很纳闷。教导员听到战士们议论买肥皂的事，也觉得奇怪。于是问清了卖主的姓名，就赶紧去找，想问个究竟。

教导员敲开门，见老汉满脸愁云，心里便明白了八九分，问道："掌柜的，你卖肥皂算错账了吧？"

"没关系……长官。"老汉感到愕然，但又不好意思明说。

"不要紧，老大伯，我回去查一下，尽快把肥皂退回来！"教导员安慰说。

9条肥皂很快查了出来，交到了营部。教导员把肥皂送到彭老汉家，乐得老汉合不拢嘴。"快坐下来喝茶，我给你们退钱！"彭老汉也许太兴奋了，本来9条肥皂，共360 元，可他退给了400 元，教导员赶紧说："大伯，你又算错了，多退了40 元！"老汉接过递过来的钱，激动得热泪盈眶，不知说什么才好。这件事很快被传为佳话，老百姓都夸赞道："只有人民解放军，才有这规矩——严格遵守纪律，才这么爱护咱老百姓。"

小夫子多多考考你

1. 请从文中找出一个最能表现本文中心思想的句子。

______

______

2. 请用"热泪盈眶"这个成语造句。

______

______

小夫子多多的读后感

国民党军队拿了老百姓的东西不给钱，而解放军战士却在彭老汉算错账的情况下，主动上门退货，这是多么鲜明的对比啊！这样纪律严明，这样爱护百姓的军队，人们又怎能不拥护呢？

七班回来了

1947 年秋天，解放军过黄河时，由于敌人阻击，后勤部队未能过来，供应中断了，所以整个冬季，部队战士都是穿着夏季的衣装。

那时，部队每到一地，首要任务之一就是制定“爱民公约”，其内容主要是向群众宣传党的方针政策和国际、国内形势，为群众做好事。每个人要保证三户群众吃水、扫院子、填猪圈、扫牛驴栏等。这样一来，我军某团七班的十几个人，就将一个村子几十户的活给包下来了。

战士们早晨收操后，就给群众扫院子、挑水。因为三九寒天大家还穿着夏装，所以手冻得像紫茄子似的。扫帚拿不住了，就在腋下夹着扫帚的把子，用另一只手掌推着扫帚往前扫。群众看在眼里，痛在心里，说什么也不让他们帮自己干了。无奈战士们态度非常坚决，并且还告诉群众，为人民服务是他们的职责。

一位老大娘看战士们手冻得红肿，就走门串户地发动群众，为战士们每个人做了一副棉手套。可战士们严格遵守“不拿群众一针一线”的纪律，说什么也不收棉手套。乡亲们含着眼泪说：“你们都冻成这个样子，还为我们干活，我们怎能忍心看着不管呢？”但由于战士们再三说明人民军队的纪律，最终还是说服了群众，乡亲们含着眼泪把手套拿了回去。

后来有一次，七班的战士们随部队出去训练，乡亲们以为部队开走了，不少老大娘都坐在家里哭哭啼啼。

当七班走了一个多钟头又回来时，房东大娘还坐在炕头上哭个不停。可当她一看到七班又回来了，就立即高兴地挨门挨户去转告好消息：“七班回来了，我们七班又回来了！”一会儿，乡亲们都来了，拉着战士们的手说：“这就好啦，你们不能走哇，乡亲们离不开你们哪！”

这件事使战士们深深地意识到：只要我们时刻想着群众的利益，全心全意为人民服务，就一定能够得到群众的支持和拥护。

1. 请找出本文的中心句。

2. 文中多次交代当时寒冷的天气，这样写有什么好处？

小夫子多多的读后感

人民解放军始终把群众的利益放在第一位，在战争如此激烈，条件如此困难的情况下，还坚持为群众做好事，并且不拿群众一针一线。这样爱护群众的军队，老百姓又怎能不拥护呢？

小小资料箱

解放战争

解放战争是1946年6月至1950年6月中国人民解放军在中国共产党的领导和广大人民群众的支援下，为推翻国民党统治、解放全中国而进行的战争，是20世纪中叶在中国境内发生的中国共产党军队与中国国民党军队之间的一场长期战争，也是近现代世界历史中规模最大的内战之一。此次战争的结果是中国共产党推翻了国民党的统治，并于1949年10月1日在北京宣布中华人民共和国成立。

千里跃进大别山

课文再现

《千里跃进大别山》（语文A版三年级下册）一课讲述了1947年8月23日夜里，刘邓大军跃进大别山抢渡汝河时遇到了紧急情况，先头部队杀出一条血路，进而胜利跃进大别山的经过。故事充分显示了刘伯承、邓小平同志卓越的指挥艺术和作战思想，也表现了人民解放军不怕牺牲、顽强拼搏的革命精神和昂扬斗志。

小夫子多多有话说

大家好！我是你们的小夫子多多。抢渡汝河的战斗，表现了人民解放军不怕牺牲、顽强拼搏的革命精神，也显示了我军指战员卓越的智慧。凭借着这种勇气和智慧，人民解放军在广袤的祖国大地上，掀起了汹涌的革命浪潮，并一步步走向全面胜利。让我们通过下面的故事，重温那些激动人心的历史时刻。

课外链接

葫芦兵

1947年秋，刘邓大军某部要突破国民党军黄河防线，向中原挺进。面对

渡河攻击

汹涌奔腾的黄河和南岸敌人的火力工事，如何以较小的代价突破黄河天险呢？在研究渡河方案时，指战员们从当地老乡用来做水瓢的葫芦上得到启发，决定在葫芦上做文章。部队向当地老百姓征集了上千个干葫芦，然后在每个葫芦上套一个钢盔，用绳子拴紧，再在葫芦下面系上一块石头，放入水中，使葫芦能够保持平衡。这样，一个个“葫芦兵”就做成了。

发起渡河攻击的当晚，战士们将上千个“葫芦兵”放入河中，在夜幕的掩护下，一个个“葫芦兵”随着呼啸的北风，徐徐漂向南岸。同时，一支精锐部队乘木船从敌人侧翼也开始渡河。

夜里，防守在黄河南岸的国民党军哨兵，在探照灯的光束下，突然发现河面上千头攒动，黑压压一片头戴钢盔的“共军”正悄无声息地向南岸游来。情急之下，立即向上司报告：“共军开始渡河了！”敌军指挥所马上吩咐部下：“等共军靠近后，集中火力将他们消灭在河中。”

眼看渡河的“共军”就要上岸，敌军指挥员发出一声歇斯底里的叫喊：“打！”河岸上的碉堡里顿时吐出一条条火舌，密集的炮弹也呼啸着落向河中，枪声、炮声、喊声响成一片。只见河面上，水柱冲天，无数的“士兵”沉入河底。但是，那些没有被击中的“士兵”，仍然在炮火的掩护下，不顾一切继续向岸边涌来。

“给我狠狠地打！”敌军指挥官以为解放军要不惜一切代价强渡黄河，赶忙将预备队也调到前沿，补充火力，并组织更为猛烈的炮火阻击“共军”渡河。就在这时，敌人侧后突然传来激烈的枪炮声和阵阵喊杀声。由于敌人把兵力都集中在了正面，所以侧后阵地防御十分空虚，很快就被渡河登陆的解放军抄了后路。敌人以为我军大部队上岸了，纷纷从碉堡、工事中跑出来，四处

通过语言、动作描写，生动刻画出了敌人自以为占据有利形势而得意的情形，也衬托出我军指战员决策的英明。

逃窜，整个黄河防御就这样被瓦解了。

清除了障碍以后，我军大部队乘势全部渡过黄河天险，迅速踏上挺进中原的征程。

1. 解放军渡河战斗面临着怎样的严峻形势？

____

____

2. 解放军调动“葫芦兵”的真正意图是什么？这里运用了什么计谋？

____

____

小夫子多多的读后感

果然不出所料，解放军巧用“葫芦兵”，吸引了敌人密集的火力，正当敌人为自己的优势火力自鸣得意之时，解放军已经从侧翼成功渡河。小小的付出取得了辉煌的胜利，这场战斗显示了解放军指战员卓越的智慧和超人的胆略。

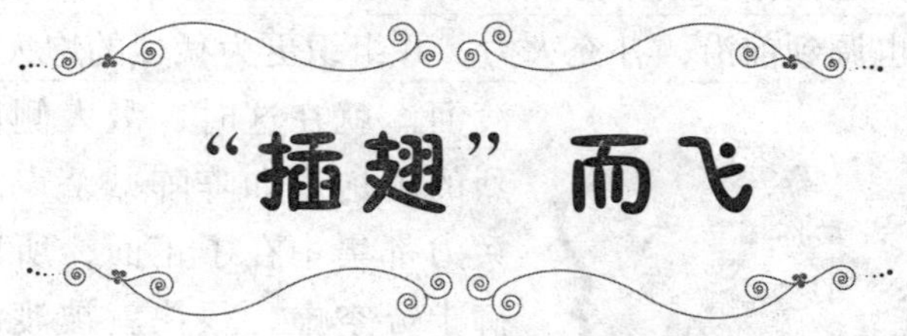

“插翅”而飞

1947年2月初，蒋介石凭借军事优势，疯狂向我解放区大举进攻。这

天拂晓，济宁地委和冀鲁豫七分区机关驻地附近突然发现敌情，据侦察，是敌人的大部队迅速逼近，并试图对我军形成合围之势。

“逼近”、“合围”等词语表现了敌人凶猛的来势，突出了我军的危险处境。

为避开敌人主力，在军分区19团1营的掩护下，地委和分区机关立即向东南方向转移。

地委、分区安全转移后，负责掩护的1营正要撤离。可正在这时，敌人已向我军发起了进攻，经过一场激战，1营陷入了敌人的包围圈。

1营政委金安志当时负责全营的战斗指挥工作，他曾试图突围，但考虑到在大军压境、四面受敌的情况下，若白天死打硬拼强行突围，显然是一种冒险行动。于是他改变决定，迅速收拢部队，抢占附近的任店村固守，依托村落进行战斗，等天黑再突围。当1营抢占任店后，敌人也从东南角攻进了村内。稍后，敌人又从西南角发起攻击，情况危急，1营立即组织反击，经过全营官兵的奋力拼杀，敌人被击退了。

金政委立即组织各连退守村西街固守院落，命令各连迅速占领制高点，抢修工事，并向部队提出：坚持到天黑就是胜利！

经过上午的激烈战斗之后，金政委从敌人的猛烈火力和熟练的战术动作上判断，当面之敌不是蒋介石的杂牌部队，而是他的精锐部队。但他相信，我们的部队是能打硬仗的，只要组织指挥得当，掌握好有利时机，是能坚持到天黑，并胜利突围的。

在激烈的拼杀中，虽然1营已失掉了半个村庄，但战士们打得很顽强，轻伤不下火线，党员、干部都战斗在最前边。全营的炊事员、司号员和其他后勤杂人员也全部投入了战斗，卫生员除了抢救任务外，也都拿起了武器。由于我军兵力集中，火力集中，便于指挥，各连又能及时通报研究情况，尽管敌人发起了一次次冲击，但都被战士们打了回去。1营一直坚守着院落，敌人始终没能再前进一步。

通过行动描写，表现了我军官兵团结一致、英勇无畏的精神。

天黑了下来，敌人的进攻也停止了。金安志判断，这是敌人的进攻告一段落，他们正在调整部署，防止我军突围。金安志当即下决心，抓住这个时

转移中的大部队

机突围。

金安志早已注意到：在白天的战斗中，从东南角进攻的敌人比较乱，火力也不强，下午的攻势也不猛（后来才知道这是从济宁来的吴化文的一股部队），与他们的左、右邻不协同，互不支援，各打各的。很明显，这个地方是敌人的一个薄弱环节，是突围的最佳方向。下定了决心，金安志政委向担任突击任务的1连长陈润芝严肃交代：突击连要不顾一切，猛打猛冲，勇往直前，必须打开通道，3连、5连紧跟，保持间隔距离，成战斗队形，防敌夹击和切断。整个突围行动要迅速和秘密。

部署完毕之后，全营官兵立即行动，突围的动作是非常迅速而秘密的，当部队到达村外时，村内敌人还未发觉。当1营到达任店东南时，敌人才明白怎么回事，要想再追击已经晚了。

白天敌人没有占到便宜，晚上又让我1营"插翅"飞了，敌72师懊丧透了。

1. 金安志同志为什么把突围的时间定在晚上？

____

____

2. 我军指战员决定从东南方向突围的依据是什么？

____

____

小夫子多多的读后感

炊事员、司号员和其他勤杂人员全部投入了战斗，战斗的激烈程度可想而知。面对强敌的围攻，1营全体官兵团结一心，浴血奋战，不仅打退了敌人一次次的进攻，还成功突围。我军指战员的指挥才能和全体官兵勇敢无畏的精神，在战斗中得到了充分的体现。

骄兵必败沙家店

1947年8月的一天，天气非常闷热。彭老总在司令部里焦急地注视着地图，他一会儿用手量一量敌我两军的距离，一会儿用红笔画出党中央机关到达的位置。他紧皱双眉，苦苦思索。这是西北解放战争以来他最紧张的时刻。

> 通过动作和神态描写，生动刻画了彭老总焦急的情形，说明当时的形势非常危急。

怎能不紧张呢？西北野战军主动撤离延安后，连打了好几个胜仗。8月中旬，蒋介石的胡宗南一师发现我军主力在黄河以西的沙家店一带，就命令29军军长刘戡率领5个旅北上，36师师长钟松带两个旅南下，企图南北夹击，把我军消灭在黄河边上。

当时，我军西北面是浩瀚的沙漠，东边是滔滔黄河，南北是大量的敌人，处境非常危险。而且这时，毛泽东、周恩来率领的党中央机关就在附近地区。南北夹击的两支敌军，距离只有100里左右了。

为了粉碎敌人的进攻和保卫党中央、毛主席的安全，彭老总全面地分析了敌情。36 师虽然是胡宗南的 3 个主力师之一，但被我军牵着鼻子在陕北高原上长途“游行”，人困马乏，战斗力已经大大削弱；而且钟松觉得自己打仗有功，趾高气扬，非常傲慢，竟然远离主力，率领1个师孤军冒进，这是一支“骄兵”，会有空子可以利用。彭老总斩钉截铁地说：“‘骄兵必败’，咱们就是要利用它的弱点消灭它！”

根据敌我双方的兵力情况，彭老总决定阻击刘戡，歼灭钟松。他向中央军委报告了作战部署，军委和毛主席完全同意他的作战计划。

彭老总指挥打仗，从来不单靠地图，不满足于一般侦察材料，只要有可能，他总是亲临前线观察地形，直接瞭望敌军驻地和工事，选择好歼敌的战场。这一次，他又带着团以上干部去看地形，不巧正遇上倾盆大雨，他在大雨中淋了一个多小时，给各部详细交代了战斗任务。在随行人员的一再催促下，他才返回司令部驻地。

将士们早已憋足了劲，个个摩拳擦掌，决心狠狠打击敌人。当彭老总下达了消灭36 师的作战部署后，指战员们高兴地议论开了：“彭老总在布置新的口袋阵，敌人又跑不掉了！”“胡宗南也是运输队长，这回又该送好枪好弹来了！”“钟松打头阵，梦想消灭我们，是该给他敲丧钟了！”深夜，雨后的空气格外清新，沙家店一带的群山显得十分寂静。有经验的老战士都知道，激烈的战斗即将展开。

次日拂晓，我军向敌人发起攻击。一发发迫击炮弹在敌人的阵地开了花。战士们在机枪掩护下，冲向敌军阵地。钟松为了挽救危局，一再命令他的123 旅向师部靠拢。当这个旅回去救援时，我军按照彭老总的命令，把36师的两个旅，分割在两地，全部包围起来了。

沙家店

这时，彭老总发出了彻底消灭 36 师的命令。将士们英勇地向敌人猛烈冲杀。黄昏前，全歼了123 旅，活捉了旅长刘子奇。36 师师部及 165 旅大部也被消灭在沙家店一带。钟松

趁着天黑，躲在山洞里，穿上便衣，化装跑掉了。

战士们扛着新缴获的枪支，兴高采烈地议论着：这样打下去，再消灭胡宗南两三个师，就可以收复延安了。

战后，毛主席说："彭老总指挥得好啊！侧水侧敌，本是兵家大忌，而我们彭老总指挥西北野战军英勇奋战，在短短一天的时间里，就取得了空前的胜利。"

小夫子多多考考你

1. 战斗打响之前，我军面临着怎样的危急形势？

____

____

2. 读了本文，你得到了什么启示？

____

____

小夫子多多的读后感

在战斗形势对我军极为不利的情况下，彭老总依然从容镇定，经过他的果断决策和周密部署，我军迅速扭转了被动局面，并取得辉煌的战果，挫败了敌军的阴谋。这场经典的战斗，充分显示了彭老总出色的指挥才能，以及我军官兵勇敢无畏的精神。

灯　光

课文再现

《灯光》（北师大版五年级下册）是一篇回忆性文章，讲的是作者漫步在天安门广场，由广场的千万盏明灯回忆起解放战争中关于灯光的往事，表现了革命先烈为了后代的幸福欢乐，不惜牺牲自己的崇高精神。

小夫子多多有话说

大家好！我是你们的小夫子多多。在解放战争中，革命前辈们出生入死，奋勇杀敌。为了子孙后代能过上和平幸福的生活，他们早已把生死置之度外，表现出了豪迈的英雄气概。读了下面的这些故事，你就会更加珍惜今天来之不易的幸福生活。

课外链接

原封不动

解放天津的战斗打响了，东北野战军某部冲进天津西面突破口，敌人的炮弹还不断地打过来。五班战士邢东，两只脚陷在烂泥里，使劲一拔，掉了一只鞋。

这个时候是半秒钟也不能停下来的。邢东拖着一只带着泥水的脚，冲进市内，跟着打下了几个街头地堡，又攻下一座大楼。

部队要继续向纵深进攻，邢东和另一个叫董富的战士，被留下来看守这座大楼。

在攻击中，邢东那只掉了鞋的脚，袜子已经跑破了，脚后跟露出来，像一个大鸡蛋。天亮了，邢东一只脚冻得像针刺似的疼，他只好不停地原地踏步。

太阳光从震破的玻璃窗户射进楼房，楼内的美国牛肉罐头和澳大利亚蛋粉罐头，反射着光芒。打开的饼干、罐头和乱七八糟的东西，扔得到处都是。

清晨的阳光并不能给邢东多少温暖。邢东向门里瞅了一眼，嘿！走廊边正摆着几双棉鞋，有双红皮棉鞋，反射出诱惑的亮光，好像在对邢东说：“小傻瓜，看你那双大脚，赶快把我穿上暖和暖和吧。”

生动的描写和充满情趣的想象，突出了棉鞋对邢东的诱惑，这更加反衬出他坚强的意志。

“不！上级严格要求我们做到原封不动，我不能违反纪律。我们连是英雄连，我不能坏了全连的名誉。”

邢东就不敢再瞅，怕那双鬼棉鞋再诱惑他。“忍耐一下吧，这点苦算什么？等会儿就会派人来换班。”他对自己这样说。

晌午了，还没有人来换班。和邢东在一起看守的战士董富，肚子已经饿得咕咕叫，他知道楼里有许多饼干罐头，但他牢记着“原封不动”的纪律。想从干粮袋里掏出几块干粮吃，又怕老百姓笑咱们解放军风纪不好。不吃呢？肚子实在饿得慌，于是他对邢东说：

“老邢，饿不饿？”

“有点饿。”邢东答。

“吃点东西吧！”

“吃什么？老董，可不能违反纪律啊！”

“嘿！吃什么？”董富不高兴地说，“你身上不是带着干粮？”

邢东知道自己错想了人家，连忙赔笑说道：“站岗吃东西，不是违反了卫兵守则吗？”

于是两人只好忍着饿，不言不语，又站了两个钟头。董富感觉像有虫在吃他的肠子，于是他出了个点子：“老邢，我脸朝里吃，你站在我背后，把我遮住。我吃完了，你再转过来吃，我给你遮住。”

纠察队接管大楼

邢东想了一下，觉得这个办法不错。要是上屋里吃，怕被别人看见，误会自己偷吃饼干，有口也说不清，于是他同意了。

董富掏出冻得硬邦邦的干粮，有滋有味地啃着。邢东故意把两臂张开一些，把他遮住。

枪炮声还没有停止，市民已经成群结队地来来往往。他们经过大楼门口时，都用奇异的眼光看着这对有趣的哨兵，望着邢东那只狼狈的脚。

黄昏时候，团教育股长领着纪律纠察队来接管大楼时，邢东对股长说：

“请好好检查一下，我们是‘原封不动’。”

1. 标题中的“原封不动”在文中具体指什么？

______

______

2. 本文在塑造邢东这一人物形象时，运用了哪些描写方法？（请列举三种）

______

______

3. 邢东和董富最终把看管的物品原封不动地交给了组织，你从这里感受到他们的什么特点？

______

______

小夫子多多的读后感

虽然丢掉鞋子让邢东吃尽了苦头，虽然硬邦邦的干粮比不上诱人的饼干，但两位战士都没有动一下战利品，甚至不愿意多看一眼，这种坚强的意志力和严明的军纪，让我们不得不对人民解放军肃然起敬。

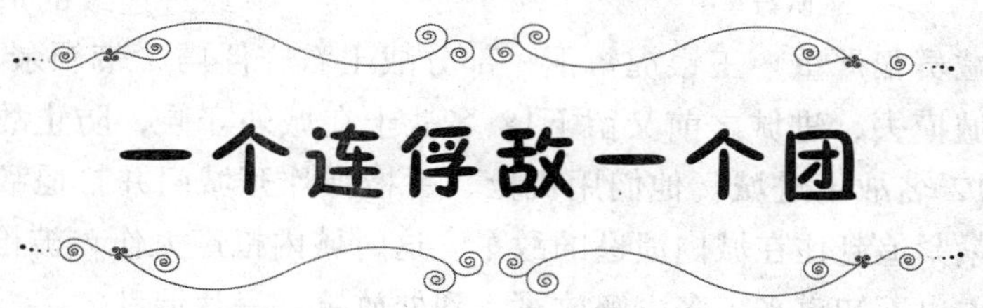

一个连俘敌一个团

1949 年4 月，第二野战军渡过长江挥戈南下，挺进西南，去解放川康大地。为斩断敌人退路，王银虎所在部队以夜行近80 公里的急行速度，向四川邛崃疾进，王银虎率领七连担负部队先遣连的任务。

河流山川在夜色中被连队不断地甩在身后。邛崃渐渐在望了。此时部队急行军一天一夜。所有同志都疲惫到了极点。王银虎想，无论如何也要坚持住，不能叫敌人从自己面前跑掉。于是，他动员全连："同志们，我们七连为人民立功的时候到了，只要我们再坚持一下，就能堵住敌人的退路，歼灭敌人。同志们，我们要发扬红军不怕疲劳连续作战的作风，坚持完成任务！"在他的鼓动下全连战士憋足劲一口气追出十几里地，终于追上敌人，并堵住了敌人退路。

夜幕渐渐降临了大地，在夜色的掩护下，王银虎率领全连向守敌摸去。在将要接近敌人防御工事时，王银虎果断命令部队走向公路，大模大样向敌人阵地走去。他冲敌人喊道："你们的战斗力太差了，司令叫我们来换防，快叫你们连长来！"敌人被喊声弄蒙了，搞不清是怎么回事，王银虎乘机一挥手，战士们一齐冲了上去，解除了敌人阵地警戒的武装。这时敌人连长

连队行军中

如梦方醒，跑了过来，对王银虎喝道："你怎么搞的，我没有接到上级命令，你们是哪部分的？"王银虎用枪抵住敌连长后腰厉声喝道："我们是中国人民解放军，快下命令叫你的人投降！"就这样，一个连的敌人全部当了俘虏。

经过连续的追击作战，七连战斗减员很严重。王银虎留下一部分战士看守俘虏，带领余下的30 名战士向敌城摸去，进城之前又留下18 名战士在城外守候，防止敌人逃窜，自己率领12 名战士进城。他们用机枪、手榴弹炸开城门并打退敌人一次次的拦截，紧紧追赶住在城内溃逃的敌军。这时城内枪声大作，被枪声从梦中惊醒的敌人也不知道来了多少解放军，到处放枪，一片混乱。

王银虎乘敌人混乱之机，冲到了敌指挥部所在的大门附近，向院内扔了两颗手榴弹，并借爆炸烟幕的掩护冲进了院内，厉声喝道："你们被包围了，缴枪不杀！"院里的敌人战战兢兢地举起了双手。面前究竟有多少敌人，王银虎自己都搞不清楚。他问一个俘虏："你们有多少人？"俘虏答："一个团。"王银虎想，敌众我寡，不能与敌人硬拼，要拖住敌人，等打散的战士和后续部队赶到。于是，他站在院里一处高台上对敌人进行了宣传喊话。这时敌群里走出了一名军官到王银虎面前胆怯地问道："你们是哪一部分？来了多少人？"王银虎答道："我们是刘伯承将军的部队，光包围你们的部队就3 个军！"王银虎晃了一下手榴弹冲敌军官说："快下命令投降！再抵抗我就叫部队打进来了。"敌军官连忙说："不要打了，不要打了，我们缴枪！我们全团15 个连全部投降！"王银虎想，这么多敌人自己只一个，绝不能叫敌人看出破绽，他向外喊道："通信员，赶快去和司号员联络，通知部队不要打了，敌人要缴枪！"正在这时司号员恰好赶到，急忙吹起了军号。军号在夜空中回荡，失去联络的战士，闻声立即靠拢过来。就这样，在这位机智果敢的连长指挥

通过心理和语言描写，表现了王银虎机智多谋的特点。

下，用极少的兵力将敌人一个团的人全部俘获。

1. 与“战斗英雄王银虎”相比，本文标题好在哪里？

2. 请把下面的句子改写成“被”字句，并且不改变原句的意思。

就这样，在这位机智果敢的连长指挥下，用极少的兵力将敌人一个团的人全部俘获。

在敌众我寡的情况下，王银虎带领战士们深入敌军，凭借着惊人的胆略和智慧，取得了一次又一次辉煌的胜利。从他“缴枪不杀”的厉喝声中，我们感受到了气壮山河的英雄气概。

小木船打兵舰

1950年3月的一个夜晚，天高月黑，浓雾笼罩着琼州海峡。突然，夜空中徐徐升起一盏高高的红灯，近百艘大小战船箭一般驶向海峡对岸的海南岛。根据中央军委指示，10万余人组成渡海登陆兵团，发起海南战役。

这次战役中，为整个船队担负护航任务的是由几艘轻便小船组成的船队，蒲恩绍驾驶的是5号护航船。在他船上的是某步兵连第三班，是在东北解放战争中出名的战斗模范班。小船跨过层层海浪，紧紧贴着大队的战船前进。

夜里11点钟左右，小船正向前疾驶着，突然，右前方传来激烈的枪炮声。是突击部队登陆了吗？船上的战士们正猜想着，这时由远而近的马达声，解开了这个谜——敌人的兵舰来了，前面的护航船已经和兵舰交上了火。

这时，落在海面上的炮弹掀起了高大的水柱。蒲恩绍把舵往怀里一带，小船箭一般地向前方驶去。他站在船尾的高台上，对同志们说："同志们！不要害怕，放心准备战斗，有我掌舵，保证赶得上敌舰！"敌舰发现了蒲恩绍驾驶的这艘向它逼近的小木船，忙掉转炮口，向他们打来。炮弹在小船周围掀起巨浪，爆炸的火光把船上照得通明。当敌舰距离小船只剩10米时，蒲恩绍大声对全船战士喊道："同志们，冲啊！"一时间，早已准备好的各种武器一齐向敌人的兵舰打去。敌人被打得鬼哭狼嚎，敌人的火力也集中向小船压来。激战中，敌人的炮火打折了小船的桅杆，船头被炮弹打了一个盆口似的洞，海水像喷泉一样涌入船舱，小船开始下沉。

> 通过动作描写，再现了蒲恩绍堵塞漏洞的情景，表现了他英勇无畏的精神。

在这危急关头，蒲恩绍只身跳入船舱，抓起两个背包，一头跳入海水中，去堵缺口。海水的冲劲太大了，将他和背包一起给顶了起来。小船继续慢慢往下沉。情况万分危急，如不采取紧急措施，全船人都要掉入海里。这时蒲恩绍一下抓起4个背包、3条粮袋，又一次跳入海水中，使尽全身力气，终于牢牢地塞住了小船的漏洞。小船又继续向敌舰冲去。这时敌人的炮火更加凶猛，小船又连中几弹，并炸坏了正在发射的六〇炮架。蒲恩绍连忙跑过去，两手抓住已炸坏的炮腿，叫炮手继续发射，三发炮弹连续击中敌舰，敌舰上传来敌兵的哀号声。

一发炮弹飞来击中了小木船，打碎了舵板，船失去控制漂荡起来。敌舰始终不敢放松，尾随小船继续射击。小船上的战士们冒着生命危险，机智地与敌舰纠缠了5个小时之久，使敌舰不敢前进一步。大队战船趁此时机顺利通过了琼州海峡，在海南岛南岸登陆，开始向敌人发起猛烈的攻击。

这时的小船，只剩下没有把的秃橹，无篷无舵，舱中早已灌满了海水。

战斗中的木船

蒲恩绍就用一把秃橹拨水航行。他们满怀信心地准备单船去海南登陆，但潮水逆转，他们又往回漂去。经过几天的漂泊，才被打鱼的渔船搭救上岸。

海南战役取得了胜利，红旗插上了海南岛。在这次战役中，蒲恩绍驾驶的小船立了大功，是他们成功地掩护了主力船队顺利登陆。蒲恩绍的机智勇敢，使战士们最终以小木船打败了兵舰。

1. 请用文中的词语，概括蒲恩绍在战斗中表现出的特点。

______

______

2. “蒲恩绍把舵往怀里一带，小船箭一般地向前方驶去”一句运用了什么修辞手法？有何作用？

______

______

小夫子多多的读后感

用小木船去打兵舰，这种令人难以置信的事情，却在海南战役中成为现实。蒲恩绍率领着他的护航小船，与敌人庞大的军舰顽强对抗，一次次与死神擦肩而过。成功掩护大队战船顺利通过之后，还得以成功脱险。战士们在战斗中表现出来的英雄主义精神，令我们无限钦佩。

狱中联欢

课文再现

《狱中联欢》（人教版六年级下册）一课通过记叙被国民党反动派关押在渣滓洞的革命前辈庆祝1949年元旦的联欢过程，表现了革命前辈巧妙的斗争艺术，充分体现了共产党人崇高的革命献身精神和革命乐观主义精神。

小夫子多多有话说

大家好！我是你们的小夫子多多。即使身陷狱中，受尽敌人的百般折磨，共产党人也从来没有动摇过自己的信念和追求，而是采用各种方式和敌人进行顽强斗争。让我们通过下面的几则故事，感受一下革命前辈们不屈的精神，以及在艰苦的环境中，革命同志之间的深厚情谊。

课外链接

两滴鱼肝油

1948年6月，负责万县与重庆联系的地下交通员李承林和曾琼英夫妇不幸被捕。李承林的公开身份是和成银行万县分行的副经理兼营业部主任，曾琼

英是银行会计，他们长期为地下党筹集活动经费。

曾琼英因身怀有孕，并有3个年幼的孩子，暂时得到保释。李承林怀着对妻儿的挂念，拖着病弱的身体，和江竹筠、李青林等人，被关押在重庆行辕二处，不久又转移关押在渣滓洞看守所。

当时狱中环境十分恶劣，吃的是“三多饭”（稗子多、沙子多、糠多），菜是白水菜，非常缺乏营养。睡的地方只有一尺多宽，一天只有十几分钟的放风时间可以走动一下。入狱不久，李承林曾患过的肺结核病复发，并不断加重，经常咯血。

艰苦的生活条件，更能反映同志们顽强、乐观的精神。

曾琼英获得保释后，在党组织的安排下，对李承林进行积极营救。通过种种努力，特务同意家属可以偶尔为李承林送点吃的、穿的、用的进监。于是，曾琼英给李承林送来了罐头、鱼肝油等营养品。鱼肝油在当时是名贵药品，对身体衰弱，特别是肺病患者有滋养功用。但李承林却舍不得吃，他把这些营养品送给了女牢的左绍英和彭灿碧，因为她们在狱中生的两个小孩更需要营养。女牢的难友收下了罐头，但考虑到李承林肺病很重，就把几瓶鱼肝油退了回去。

当时，李承林所在的牢房关着6名难友，他提出这些鱼肝油应归大家共同食用，但其他同志坚决不答应。当时有两位同志因受刑过重，身体很虚弱，特别是杨虞裳同志，被捕后遭受了敌人的种种酷刑，入狱以后，经常卧病不起。李承林就把鱼肝油送给这两位同志，但这两位同志也不同意，鱼肝油转了一圈，又回到李承林手中。经过难友们反复争论，最后决定由李承林和这两位同志共同食用，并由李承林掌握，实行平均分配。

渣滓洞看守所旧址

过了几天，难友们发现李承林在分配鱼肝油时有“作弊”行为。原来他用滴管分给两位同志的是每人每次六滴，而他自己却是四滴，少了两滴。两位同志向他提出了抗议，其他同志也对他这种做法提出了严厉批评，但他依然我行我素，实行不均的分配。这就是一直被难友们传颂的“两滴鱼肝油”的故事。

“两滴鱼肝油”反映了狱中

难友深厚的情谊，也体现了一个共产主义者在艰难困苦的环境中对战友无私的爱。

1. 请用自己的话概括故事的主要内容。

2. 请找出一个最能概括本文中心思想的句子。

小夫子多多的读后感

监狱生活异常艰苦，对于身体虚弱、身患疾病的李承林来说，多么需要鱼肝油的营养啊！但他却想尽一切办法，把珍贵的鱼肝油分给更需要营养的同志。这则故事让我们真切感受到了革命同志深厚的情谊和舍己为人的高贵品格。

年少不怕上大刑

“皖南事变”发生后，国民党反动派对共产党人进行了疯狂镇压。林莺这位17 岁的青年服务团的团员，在与组织失去联系之后，为了隐蔽下来，

寻找失散的同志，经人介绍，她进了国民党诸暨67师剧团。林莺以剧团为掩护，四处寻找党的组织。不久，此事被国民党反动派发觉，认为林莺是新四军派来的“奸细”，把她抓了起来，投进了监狱。

敌人首先对林莺进行审讯，可是什么也没捞到，于是就对她动刑：夹手指、插竹签、上大挂等。林莺的手指骨被夹得嘎嘎作响，手指甲冒出了血，汗珠成串地从脸上滚下来，然而她对敌人怒目而视，告诉敌人：绝不屈服！第一次用刑，敌人毫无收获，之后几天，敌人又多次给林莺用刑。敌人心想，凭她这般小小年纪，不信她不屈服。然而敌人的如意算盘打错了，林莺仍是一字不招。

> 通过神态和语言描写，表现了林莺坚强不屈的精神。

敌人恼火了，一个指挥官叉着腰，嚎叫道：“把她拉出去！叫她嘴硬，给我把她枪毙了。”

两个特务把她押到后山，但没有开枪，只是耍了个花招，又把她送回监狱。

在监狱里，她遇到许多共产党员和新四军难友，所以胆子更大了。被关进女牢的第三天，敌人又对她传讯，让她承认是新四军的“女侦探”。林莺拒不承认。于是敌人又给她动刑，可她仍然坚贞不屈。敌人没有办法，只好来软的，进行攻心战，可林莺仍不吃这套。敌人见从林莺口中确实得不到什么，就不再对她进行审讯。林莺在狱中同难友们一起积极开展对敌斗争，组织高唱革命歌曲，与敌人作绝食斗争，谴责敌人虐待政治犯。就这样，她在监狱中关了一年多。

突然有一天，敌人又对她进行审讯。原来一个曾和她在服务团一起工作的同事出卖了她。她知道这个家伙不是共产党员，对她的情况了解不多。林莺从容地与叛徒当面对质，把叛徒问得无言以对，灰溜溜地躲到一边；林莺抓紧机会，质问审判官，敌审判官被问得张口结舌，

皖南事变烈士纪念碑

无话可说，只好退堂。

敌人从林莺嘴里没有得到任何东西，叛徒又提不出充分的证据，不久，敌人就以“取保释放”的名义把她放了。

1. 为了让林莺屈服，敌人采取了哪些手段？这些手段反映了什么？

2. 你从林莺的表现中感受到了什么？

小夫子多多的读后感

面对敌人的威逼利诱和严刑拷打，17岁的林莺从容镇定、宁死不屈，使凶恶的敌人一次次碰壁。在凛然正气的林莺面前，无耻的叛徒显得是那样的猥琐。林莺以勇敢无畏的表现，充分展示了一个共产党员的风采。

白公馆里绣红旗

白公馆位于重庆沙坪坝郊区，1938年起被国民党特务机关当作秘密监狱。解放前，这里关押着很多爱国志士。在监狱恶劣的生活条件下，同志们仍然同敌人进行了各种形式的斗争。

解放前夕，大势已去的国民党反动派，对关押在监狱里的爱国志士进行大肆屠杀。当年白公馆大屠杀幸存者之一的郭德贤老人，向我们讲述了当时的情景——

新中国成立的那个时候，我们还被关在重庆中美合作所，集中于白公馆和渣滓洞里。几天过后，才有同志从特务办公室的报纸上面，偷偷看到了新中国成立的消息。

大家得知，我们的国旗是一面红旗，上面有5个五角星。当时，罗广斌所在的那个牢房，有几个男同志商量了一下，决定也来做一面红旗。

当时牢房里头没有什么材料，大家就把罗广斌的红被面拆下来，又找来几张黄色的纸，剪成五角星贴上。看到自己亲手做成的红旗，大家心里都十分高兴。狱中党组织就传出一个口号：等到重庆解放的时候，我们要扛着亲手做成的红旗，去迎接我们的党。

感人肺腑的口号，表达了同志们坚定的信念和对胜利的渴望。

10月底，敌人开始在白公馆屠杀了，起初还只是个别屠杀。到11月27日那天，也就是重庆快解放的时候，国民党反动派开始集体屠杀。

这个时候，罗广斌他们就把楼板撬起来，把这面红旗和他们的遗稿，写的信呀、诗呀都埋在楼板的下面。这期间，又牺牲了几个战友。

后来，敌人已经听到解放军的炮声了，就把我们19个人关到一个牢房里头，准备把渣滓洞里头还剩下的200多人集体屠杀后，再来杀我们。他们还把刽子手都撤到了渣滓洞，只留了一个人看守我们。当时罗广斌对他说："现在是你立功赎罪的时候了，你能不能给我们一

渣滓洞监狱旧址

支枪，让我们冲出去？”我们平时对这个看守进行过一些政治宣传工作，赢得了他对革命工作的支持。他说：“外面的警戒线已经撤了，我把牢门给你们打开，把钥匙给你们，你们一起跑出去吧。”这样，我们十几个人就跑了出去。

后来我们到了重庆，大家突然想到，我们还有一面红旗啊。我们赶紧跑回白公馆，把楼板撬起来，拿出了我们的红旗。

把红旗展开后，大家就哭呀，喊着牺牲同志的名字，刘国志你在哪里，陈然你在哪里……这不是我们的红旗吗？我们要去迎接党……

现在这面红旗还在展览馆里面，即现在的重庆中美合作所烈士陵园展览馆。

1. 为了在狱中绣红旗，同志们克服了哪些困难？

____

____

2. 在和平幸福的今天，我们应该学习同志们的哪些精神？

____

____

小夫子多多的读后感

虽然身在监狱，时刻都有牺牲的危险，但同志们没有绝望，而是充满了对革命必胜的信念，时刻憧憬着革命胜利的美好未来。在敌人严格看管下，他们亲手绣成的红旗不仅是斗争精神的体现，也表现了对革命的忠诚。

刘胡兰

课文再现

《刘胡兰》（语文S版二年级下册）一文主要记叙了女英雄刘胡兰为了严守党的机密，面对敌人的威逼利诱，坚贞不屈，最后壮烈牺牲的感人事迹。故事歌颂了刘胡兰忠于党、忠于人民、忠于革命，视死如归的大无畏精神。

小夫子多多有话说

大家好！我是你们的小夫子多多。利诱面前不为所动，威逼之下坚贞不屈，这便是刘胡兰的英雄风采，这便是中国共产党员的本色。刘胡兰的壮举不仅挫败了敌人的阴谋，也激励无数后人循着英雄的足迹继续奋斗。你听，又有几曲英雄的赞歌从远方传来……

课外链接

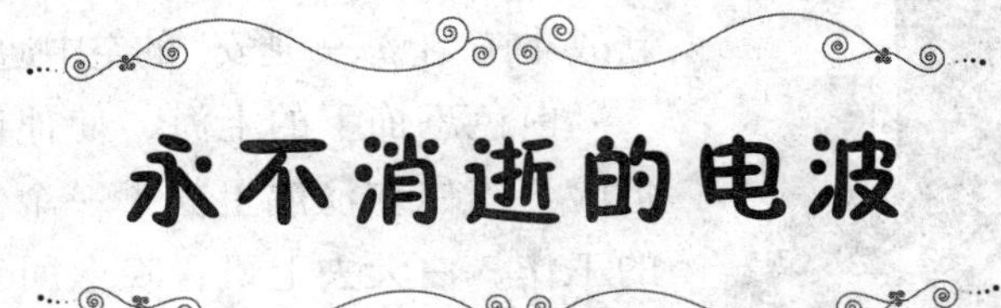

永不消逝的电波

一对革命夫妻，十余年间秘密战斗在“上海—延安”的空中战线上，他们艰苦卓绝的斗争事迹鲜为人知。这对夫妻就是李白和裘慧英。

1938 年，党组织决定派曾在长征途中担任无线电分队政治委员的李白到上海建立地下电台。为了方便工作，他和妻子裘慧英开了一个电器修理店，白天招揽生意，晚上和延安总部电台通报联络。

为了破坏我地下党组织，日伪相互勾结，采用一切手段，日夜搜查我们的电台，为此，这对革命夫妻不得不经常搬家，以躲避敌人。

1942 年中秋节前夕的一个夜晚，李白又和往常一样，集中精力向延安总部发报。突然，传来一阵猛烈的砸门声。原来是敌人发现了电台的位置，十几个日本宪兵冲上阁楼。李白见隐蔽电台已来不及，便索性坐下来，从容地发完了电报，最后，又连续拍了七八次“再见”，边拍边把电报稿纸塞进嘴里……

李白从容的态度，表现了他英勇无畏的精神。

李白和裘慧英被捕，分别被关在两个屋里进行拷问。一次，裘慧英遭到一顿毒打后，被拖进了李白的房间。李白被绑在老虎凳上，人已经昏死过去。凶恶的敌人用冷水把他浇醒，继续逼问：“给谁干的？领导在哪里？有多少人？”

李白咬牙切齿地回答：“没有什么可讲的！”

当他看到裘慧英，怕她年轻，经不起毒打，就轻轻地对她说：“保护同志，牺牲自己。”小裘含泪点头答道：“放心吧。”

残暴的敌人用尽了各种卑鄙的手段折磨李白，但他始终坚贞不屈。就这样，敌人把李白折磨了一个月，也没从他身上得到一点有价值的东西。经党组织多方营救，李白夫妇最终被释放出狱。出狱后，他们不能在上海久留，于是转移到浙江、江西等地继续从事秘密工作，直至抗日战争胜利，他们又重新战斗在“上海—延安”的空中通信线上。

无线电发报机

白色恐怖下的上海，使他们的处境更加危险。李白在渔船上找了一个修理收发报机的工作，白天去上班，晚上回来发报。1948 年12 月19 日晚上，他们的住所又被包围了。李白镇定地发完了电报，处理了电报稿，隐藏好电台。

李白再次被捕了，在国民党警备司令部，他再一次受尽了种种惨无人道的酷刑，但无论

敌人怎样严刑拷问和威逼利诱，李白始终没有吐露半句真情。

在上海解放前夕，敌人下了毒手，秘密杀害了李白。但是，这位为中国人民解放事业而英勇献身的革命英雄，将永远被人民怀念。

1. 请用文中的一个成语，来概括李白两次入狱的表现。

2. 结合你对短文的理解，说说“永不消逝的电波”这一标题的含义。

小夫子多多的读后感

敌人残暴的手段未能让李白放弃自己的追求，出狱之后，他很快又投入了新的战斗，并最终为中国人民解放事业献出了宝贵的生命。面对敌人残酷的折磨，李白和裘慧英夫妇经受住了考验，他们誓死保守了党的秘密，表现了共产党人特有的坚定信念。

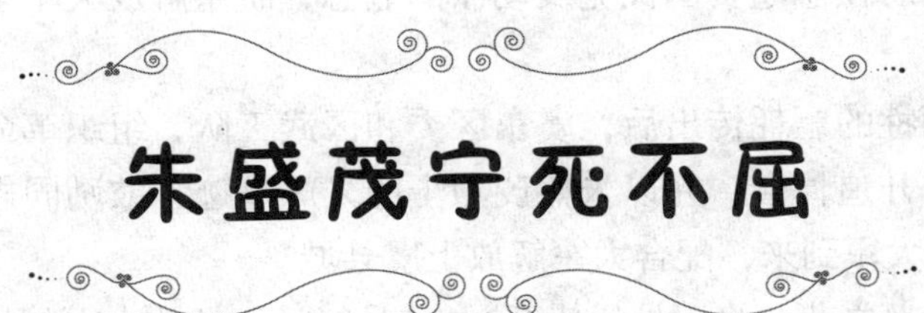

朱盛茂宁死不屈

1949年3月，为了进行最后的垂死挣扎，浙江上虞国民党自卫大队警察，对当地共产党员进行疯狂追捕“清剿”。

时任中共朱巷乡党支部书记的朱盛茂，以坚定的信念和无畏的精神，继续做好革命工作。他组织成立了南山贫农团，还领导贫农团成员在大会上宣誓。这些活动引起了敌人的注意，敌人派出特务侦察朱盛茂的活动和住地。

朱盛茂家乡

一天早晨，天蒙蒙亮，国民党上虞县自卫队的警察打扮成便衣队，埋伏在朱盛茂常常经过的路边。朱盛茂来不及拿手枪反击，已被敌人用柴绳捆绑了，还被打得鲜血淋淋。然后，敌人把朱盛茂押到了国民党上虞县警察局监狱。

得知朱盛茂同志被捕的消息后，虞东区委和区武工队的同志焦急不安，多次设法营救，并派地下党向警察局进行政治宣传，劝说他们释放朱盛茂，但都未能成功。

狱友看到身体强壮的朱盛茂，由于饥饿和酷刑被折磨得骨瘦如柴，就劝朱盛茂向监狱要求增加饭菜，朱盛茂坦荡自若地说：“这不是我共产党向敌人讨饭吃吗？”敌人见朱盛茂宁死不屈、视死如归，也有点惊慌。

1949年4月24日，南京解放了，但上虞还处于黎明前的黑暗中，敌人活动猖獗、气焰嚣张，拼命做垂死挣扎，大批杀害共产党革命志士。农历三月十四，敌人把朱盛茂由国民党上虞县警察局监狱绑押到刑场。在“中国共产党万岁”的喊声中，“砰、砰”两枪，朱盛茂烈士倒下去了。在场的老百姓泣不成声，纷纷愤怒谴责国民党反动派的罪恶，盼望解放大军早日到来，解放上虞。

朱盛茂牺牲的噩耗传出后，虞东区委和区武工队，组织革命干部群众为朱盛茂烈士召开追悼会，并以朱盛茂烈士的光辉事迹，鼓励同志们的革命斗志，迎接解放大军到来，配合大军解放上虞县城。

“烈士就义之花，终于灿烂盛开”，5月21日，解放大军如排山倒海之势渡过长江，次日解放上虞全境。解放后，人们为纪念朱盛茂烈士，用他的名字命名了很多村庄和学校。

朱盛茂牺牲时年仅44岁，他对党无限忠诚，对敌宁死不屈，他为中国的解放事业献出自己的宝贵生命，他将永远活在人们心中。

简明的议论赞扬了朱盛茂烈士的崇高品质，表达了对英雄的深切缅怀。

1. 请从文中找出两个恰当的词语，概括朱盛茂被捕后的表现。

2. “烈士就义之花，终于灿烂盛开”在文中具体指什么？这里运用了什么修辞手法？

小夫子多多的读后感

朱盛茂有着坚定的革命信念和无畏的精神。被捕前，他一直从事着革命工作；被捕后，他拒绝向敌人讨要饭菜，表现出了共产党人特有的骨气和坚强。任何酷刑与折磨都未能动摇朱盛茂的意志，就义时“中国共产党万岁”的口号，不仅道出了他崇高的信仰，也表现了共产党人视死如归的英雄气概。

董存瑞舍身炸碉堡

课文再现

《董存瑞舍身炸碉堡》（语文A版四年级下册）是一篇讲读课文，课文记叙了解放战争时期，解放隆化的战斗中，在我军进攻屡受压制的紧急情况下，董存瑞主动请战，舍身炸掉敌人暗堡的故事，赞扬了董存瑞为人民的解放事业英勇献身的精神。

小夫子多多有话说

大家好！我是你们的小夫子多多。为了彻底解放全中国，人民解放军在广阔的祖国大地上，与国民党反动派展开了最后的决战。“狭路相逢勇者胜”，让我们通过下面的几则故事，回顾那些惊心动魄的场面，去感受解放军战士英勇无畏、视死如归的崇高精神。

课外链接

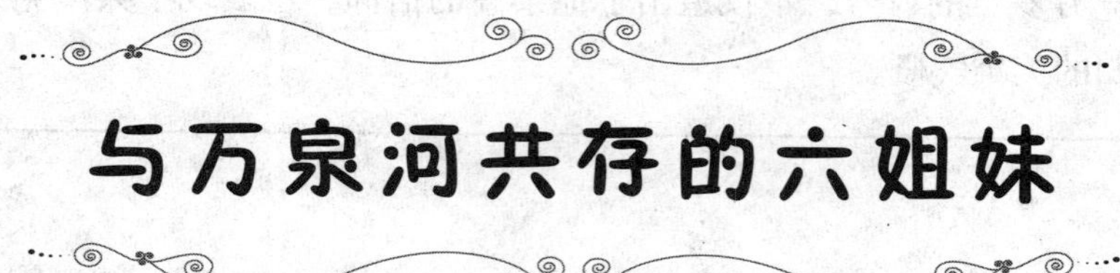

与万泉河共存的六姐妹

1949 年春，我军某部队开往前线了，后方医院200 多人的粮食，全靠运输班的七姐妹在警卫排的护送下到游击区去筹集。运输班的班长叫冯全英，

她眼见医院又面临断炊的困境，心里非常着急。而护送她们的警卫排又外出执行任务，为了不让伤病员挨饿，她们决定单独到游击区去筹粮运粮。

清晨，天边刚泛鱼肚白，运输班就上路了。在炊烟袅袅升起的时候，她们到达了筹粮地点。当地党组织迅速准备粮食，日上三竿时，她们每人挑起两箩筐稻谷上路返回。由于筹粮比较顺利，姐妹们心情特别舒畅，一路谈笑着。这时，一直默默走路的司务员林玉荣提醒大家要注意些，不要惊动敌人，否则会引来麻烦。姐妹们的笑声戛然而止，方才意识到，自己还在游击区，随时会遇到敌人，况且，七人当中除了司务员带有驳壳枪外，六姐妹每人只有两颗手榴弹，如果碰上敌人，那就难办了。

交代当时的危险处境，为后文遭遇敌人埋下了伏笔。

突然，远处小道上传来杂乱的脚步声。大家立即钻进小道边的草堆中隐藏起来，静静地观察着。

一会儿，小道上出现了一排国民党兵，他们仿佛听到了刚才的谈笑声，在议论着、搜寻着。直到敌人走远，运输班的姐妹们才松了口气。但这提醒了她们，为了避免与敌人遭遇，由司务员林玉荣走在前面当尖兵，如果发现敌情，就及时给后面发信号。

她们警觉地前进着，再走一里地就要进入根据地了，突然，林玉荣气喘吁吁地跑来报信说前面发现一大群敌人。她话音刚落，“砰、砰”地响起了一阵枪声，“快隐蔽好，我去引开他们。”说完，她便向一条岔道跑去，一边跑，一边开枪吸引敌人。

敌人没有发现草丛中的冯玉英，像一群鸭子似的乱糟糟地循着枪声追去。估计敌人走远了，冯全英从草丛里站了起来。她刚一抬头，便发现小道上走来两个国民党伤兵，那两个伤兵也发现了冯全英，其中一个家伙举起了枪。冯全英立即从怀中掏出手榴弹扔过去，只听“轰隆”一声巨响，两个敌人上了西天。

爆炸声惊动了其他敌人，他们立即围了上来，尖啸的枪声震荡着荒野。冯全英明白，在这种情况下挑着粮食撤离是不行的。她果断地决定，藏好粮食，迅速撤退。敌人像疯狗一样扑上来，形成了三面包围，姐妹们只好朝没有敌人的万泉河方向撤去。

敌人发现她们后，立即叫起来：“她们都没有枪，快上去抓活的。”

“想得美！”冯全英嘴上骂着，一颗手榴弹飞了出去。

敌人见状，便把密集的子弹泼了过来。林玉荣的大腿中了一弹，冯全英立刻跑过来搀扶她。

“全英姐，你们赶快跑吧！别管我。”林玉荣忍着疼痛说。

“还往哪里跑？敌人已经围上来了，再往后退，就是万泉河。看来，今天得革命到底了。”

冯全英边说边朝后看了看，百米外就是波涛滚滚的万泉河。

“要死，咱们也得一块儿死。”林玉荣说着，咬紧牙关，挣扎着想站起来。冯全英拉住了她。

“都死了，粮食怎么运回去？我们七个人一定得有人活着回去！”说到这里，冯全英环顾四周，发现不远的土坎下有茂密的茅草，立即把林玉荣扶到茅草丛前，说：“听话，钻进去！如果你能活着回去，就说我们永远是党的女儿。”

“全英姐！”林玉荣呜咽着，紧紧抓住了冯全英的手。

“哭什么？革命流血不流泪。别看敌人今天猖狂，等我们大部队回来，就轮到我们笑了！”

待林玉荣藏好后，冯全英领着姐妹们继续向万泉河边撤退。灌木丛越来越稀少，万泉河已横卧在眼前，姐妹中不断有人受伤。冯全英的肩膀、小腿也被子弹穿了洞，血如泉涌。敌人越来越近了，大家知道已无路可退，都自动朝冯全英聚拢过来。冯全英看着姐妹们，顽强地从地上站了起来，姐妹们互相搀扶着，满身血迹，怒视着敌人。

解放战争纪念馆

敌人又像恶狼似的扑上来。冯全英身上还有最后一颗手榴弹，本想留给姐妹们自己，但看到敌人如此嚣张，不禁怒火填胸，拉开弹弦，投向敌人，敌兵们看到那冒着白烟的手榴弹，吓得失魂落魄，掉头就跑，随着手榴弹的爆炸声，好几个敌人倒下了。

六姐妹相互搀扶着，一步一步地向万泉河走去，河水浸过了她们的膝盖、腰际……

六姐妹渐渐地被河水吞没了，但她们的英魂将与万泉河共存！六姐妹的英名将永载革命史册！六姐妹英勇顽强、不怕牺牲的英雄故事将永远被人民传颂！

1. 联系上下文，说说“看来，今天得革命到底了”一句中的“革命到底”是什么意思。

____

____

2. 文中哪些情节给你留下的印象最深刻？你从中体会到了什么？

____

____

小夫子多多的读后感

面对强大的敌人，运输班的姐妹们利用每人仅有的两枚手榴弹，与敌人进行了顽强抵抗。看到步步逼近的敌人，她们带着累累的枪伤，从容走向了万泉河的深处……她们顽强斗争、视死如归的壮举向人们昭示着：她们永远是党的女儿。

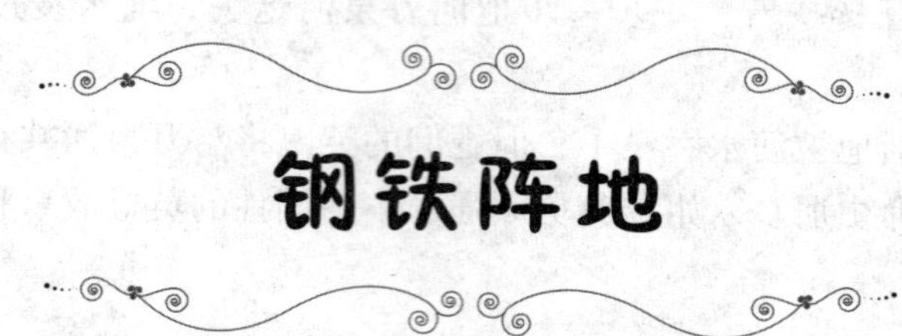

钢铁阵地

经过黎明时的一场恶战，一连三排已经没剩下几个人了！负伤的指导员趴在工事里，他心里明白：前面十几米远的地方，就是敌人的师部，南面一里多远的钱家窝棚也是敌人。后面一里多远的腰家窝棚的敌人，正处在我军的攻击中。如果守不住这个小阵地，攻击腰家窝棚的兄弟部队，就不能顺利解决敌人，整个战役就会受影响。

任务是这样艰巨！敌人是这样近！连、排干部全都牺牲了，剩下自己也负了重伤……正想着，敌人一阵猛烈的炮火打了过来，指导员对通信员张永发说："准备好刺刀手榴弹！一步也不能退！要死死在一堆！要记住，我们是井冈山下来的一连呀！"

"准备好刺刀手榴弹！……"张永发把命令一个传给一个。每个战士的胸膛里，都充满了复仇的怒火！

疯狂的炮火打过以后，敌人冲上来了，战士们紧握着手榴弹，等敌人靠近了，一阵手榴弹，把敌人打垮了！

钢铁战士们

张永发打完手榴弹，发现指导员不动了，他过去摇了摇，指导员睁开眼对他说："记住替我报仇！替连长和同志们报仇！拼死也要守住这个阵地呀！"

张永发正想开口鼓励指导员，敌人的炮弹又密集地飞过来！这阵子打得很厉害，把附近的杨树劈断了好几棵，阵地前面的洼地水坑

里落了不少炮弹，水花在空中飞舞，洼地里每隔一米远，就有一个弹坑。

炮声停止了，张永发耳朵被震聋了。但他的意识非常清醒，他大声地喊着："同志们！拼死守住阵地！发扬我们一连勇猛顽强的光荣传统啊！"

第二次冲上来的敌人，又被打死在阵地前面！

这时，副班长王洪魁发现阵地上只剩下5个人了，他想，连长和排长牺牲了，指导员负了重伤，自己是个副班长，又是共产党员，应该挺身而出指挥队伍。于是他派战士许振贵当观察员，自己守在最前面。

这回敌人上来一大片，分成三股冲上来。从南面上来的一股敌人，被王洪魁一梭子冲锋枪和两个手榴弹，给全部解决了。北面一股敌人绕道包围过来，被一名战士的冲锋枪盯住了。当中这一股敌人来势最凶，但被张永发和另外两名战士一阵手榴弹，打得连滚带爬滚了回去！

太阳将要落山的时候，敌人又发起了一次冲锋，但密集的炮火没有摧毁我们5位钢铁勇士的战斗意志，阵地始终在我军的手中。

以"钢铁"为喻，形象突出了战士们顽强拼搏、不怕牺牲的精神。

钢铁阵地并不是用钢骨水泥盖的，而是勇士们的钢铁意志铸成的。无论多么坚固的工事，都有可能被摧毁，但我军战士钢铁般的意志，是永远摧不垮、打不烂的！

1. 守住这块阵地，对我军具有什么重要意义？

______

______

2. 仿写下面的句子，注意用到加点的词语。

钢铁阵地并不是用钢骨水泥盖的，而是勇士们的钢铁意志铸成的。

______

______

小夫子多多的读后感

面对敌人强大的火力，战士们没有退缩，而是以血肉之躯筑成一道钢铁防线，阻挡了敌人一次又一次疯狂的反扑。他们用行动，甚至用生命揭示了一个深刻的道理：只有钢铁的意志，才是永远摧不垮、打不烂的！

与敌人同归于尽

陈树棠是位卓越的无产阶级革命战士。在战场上，只要一声令下，他总是冲锋在前。他视敌如草芥，不止一次地只身闯入敌群，打得敌人丢盔弃甲。他还经常在枪林弹雨中送弹药、抢救伤员。虽然只经历了两年的战斗生涯，但他却建立了不巧的功勋。

1947年6月下旬，我军打响了艰巨的四平攻坚战。八棵树东南山366高地是敌我必争之地。陈树棠所在部队就奉命在八棵树村旁的制高点，阻击增援四平的敌军。在陈树棠的指挥下，三班战士沉着勇敢地反击敌人，多次击退了相当于三班十几倍的敌人。

四平战役

6月26日凌晨，敌军占领了八棵树村。当天下午因下大雨，敌军停止了进攻。战士们利用这段宝贵的时间抢修工

事，调整战斗部署。黑夜，敌人向三班所在高地发起进攻。陈树棠指挥战士们，一连打退敌人7次冲锋。敌军伤亡惨重地溃败下去，我军也损失很大。

第二天，敌军增援部队两个连进入八棵树村，在飞机、大炮的掩护下，继续向我军主阵地疯狂进攻。为控制该高地，陈树棠率三班以神速动作抢在敌人前面占领了制高点。这时，敌人两个连正探头缩脑爬到山腰，当即被民主联军机枪、手榴弹打得乱作一团，死伤很多。敌人采取了轮番攻击战术，陈树棠与战友一道击退敌人多次进攻。

激战到下午2点，三班唯一的一挺机枪被敌人炮弹炸坏，并且整个阵地只剩下五六个同志了。敌人又冲了上来。这时，陈树棠在一块岩石旁边，握着拉开弦的手榴弹刚扔出去，就不幸被一颗飞来的子弹击中了腹部。陈树棠身子一歪，倒在了地上。三班副班长董金兰等3名同志见状，立即上前抢救。他们爬到陈树棠的跟前，要把他背下去，可是陈树棠坚决不肯，还严厉地命令他们赶快转移："不要管我，打敌人要紧……"在这危急的时刻，陈树棠关心的只有战斗，他早已把生死置之度外。

不一会儿，数十名敌人蜂拥而来，他们将陈树棠团团包围。在敌我力量悬殊的情况下，陈树棠大胆沉着地端着"三八"枪和敌人进行肉搏战，当他杀死第6个敌人时，又上来了10余个敌人，想活捉陈树棠。就在这一瞬间，陈树棠突然站起来，大吼一声："你们这些卖国贼，来吧！共产党万岁！"说完便向敌人冲去，同时拉响了最后一颗手榴弹。随着"轰隆"一声巨响，党和人民的优秀儿子——年仅23岁的陈树棠献出了自己的宝贵生命，与敌人同归于尽了。

战士们心里燃烧着为英雄复仇的怒火，杀声连天，势如猛虎，向被敌人抢占的阵地发起猛攻，最终抢回了英雄陈树棠的遗体。

> 采用比喻和夸张的手法，生动再现了战士们奋勇杀敌的场面。

1947年7月24日，部队和地方各界代表几万人在西安市举行公祭，纪念这位杰出的战斗英雄。后来又把存放陈树棠灵柩的亨通山改名为树棠山。陈树棠成为当时全军的一面战斗旗帜。

小夫子多多考考你

1. 文中哪些情节表现了陈树棠的英雄主义精神？

2. 从文末部队和地方各界的一致决定，你体会到了人们怎样的心情？

小夫子多多的读后感

面对十几倍于我军的敌人，在最危险的关头，他拉响手榴弹和敌人同归于尽。其豪迈的英雄气魄和不怕牺牲的精神惊天动地、感人肺腑。

小小资料箱

三大战役

三大战役是指1948年9月至1949年1月，中国人民解放军同国民党军进行的战略决战，包括辽沈、淮海、平津三个战略性战役。辽沈、淮海、平津三大战役，历时142天，共争取起义、投诚、接受和平改编与歼灭国民党正规军144个师，非正规军29个师，共计154万余人。国民党赖以维持其反动统治的主要军事力量基本上被消灭。三大战役的胜利，奠定了人民解放战争在全国胜利的基础。

抗美援朝的故事

阅读导航

在抗美援朝战场上，志愿军战士与敌人浴血奋战的同时，还要面对寒冷、饥渴、弹药供应困难等严峻考验。但战士们毫不畏惧，凭着顽强的毅力和豪迈的英雄气概，与朝鲜人民并肩作战，坚守阵地，痛击一切来犯之敌，每一场战斗都打得那样艰辛和惨烈。黄继光、邱少云、杨春增、杨根思……他们用悲壮的方式展现了豪迈的英雄气概，他们的名字永远铭刻在中朝两国人民的心中。

一个苹果

课文再现

《一个苹果》（北师大版五年级上册）一文讲述的是抗美援朝战争中的感人故事，尽管8位志愿军战士干渴得厉害，但一个苹果在大家手里转了一圈之后，还剩下大半个。故事歌颂了志愿军战士互相关怀、体贴的阶级友情。

小夫子多多有话说

大家好！我是你们的小夫子多多。在抗美援朝战场上，志愿军战士不仅要面对强大的敌人，还要忍受寒冷、饥饿、干渴的折磨，但是顽强的志愿军战士不仅克服了重重困难，还打败了强大的敌人。让我们通过下面的故事了解那场艰苦卓绝的战争。

课外链接

背水

前线阵地中的战士

在1953年朝鲜战场夏季反击战中，志愿军某部三连上了938.2高地主峰的前沿阵地，对面不到百米处就是美国鬼子。美军不甘心高地被我军夺取，天天向我方阵地狂轰滥炸，隔一两天就以数十人或百余人的规模，在炮兵和坦克掩护下向三连阵地反击。那时，处在山沟里的炊事班送饭到前沿阵地，即使在夜间，也是三天两头有伤亡。不要说一天三餐，一天一餐也难保证，两三天才能送上一次饭。战友们回忆说：若说吃饭难，还有压缩饼干可以啃几口，抵一阵子饥饿，但饮水难问题却时刻威胁着战士们的生命。

上阵地那天早晨，每人都背了一壶水。但有的战士在通过炮火封锁区时，水壶就被敌人机枪打中，水漏光了。多数人在炎热的夏天打了一天仗，还没到下午，一壶水就喝光了，到了晚上，大家渴得唇干舌燥。

这是上阵地的第四天，天刚黑下来，指导员跑到三排十班的猫耳洞，对班长钟樟彩说："没有水，战士们快渴死了，你负责的活动小分队，除了到敌前侦察敌情外，要加一项任务，到山沟里找水源。只要找到了水，拼上命也要把水背上来。"

指导员走后，钟樟彩立即叫战士到各班收集了30多个军用水壶，他背上

> 传神的动作描写不仅表现了钟樟彩机敏的特点，也突出了处境的险恶。

冲锋枪和水壶，离开猫耳洞奔往前沿阵地的山沟。在泛着少许白光的小路上，他仔细辨认路痕，确认没有埋地雷后，加快速度走几步，又低下头仔细查看一段再走几步，就这样辨认一段走一段。

他一边前进一边仔细搜索，特别注意听水流的声音。猛然间，他发现不远处的小树丛里，从岩缝向上喷涌着一股清水，水量还不小。他高兴极了，赶紧跑过去。等走近了，发现水泉边有一个牺牲的志愿军战士，身上还背着枪和水壶，手里拿着一个军用水壶伸向喷涌的泉水。一定是他接水的时候，被敌人发现了，看来这里非常危险。

钟樟彩不敢怠慢，连忙趴下喝饱了泉水，又急速卸下身上背着的全部水壶，很快将所有水壶灌满。水背回之后，看着连里战士轮流传递水壶，喝着那甘甜泉水时的高兴劲，钟樟彩也乐了。

后来钟樟彩又冒着生命危险，成功为战士们背了好几次水。敌人也常常会往水泉边胡乱开枪，但钟樟彩掌握了敌人打枪的时间规律，因此总能化险为夷。

小夫子多多考考你

1. 造成志愿军战士严重缺水的原因有哪些？请概括。

____

____

2. 通过钟樟彩背水的表现，可以看出他怎样的特点？

____

____

小夫子多多的读后感

炮火、子弹、饥渴……在朝鲜战场上，志愿军战士时刻面临着死亡的威胁，但他们没有被困难吓倒，而是在恶劣的条件下，与敌人展开浴血奋战，并最终取得了抗美援朝战争的胜利，这是多么顽强的精神啊！

没有打响的伏击

激战中的志愿军

1950年12月，志愿军第27军和第20军59师，在死鹰岭地区与逃敌展开激战。

敌人在50余架飞机掩护下，以坦克群为先导，倾其全力进行突围，猛攻我军死鹰岭一线阵地。59师在敌人的两面夹击下；奋力抗击，虽然重创了敌人，但因连日作战，部队减员严重，再加上缺少弹药和物资供给，最终未能堵住逃敌。

美军陆战第1师、步兵第7师趁机向南逃跑。邹士勇所在的3连，奉命从侧翼追击美军。部队急行军，一直追到死鹰岭上。死鹰岭下是一条公路，那是敌人逃跑的必经之路。按上级部署，死鹰岭上应该有我军第20军的部队担负阻击。

很快，战士邹士勇所在的3连在死鹰岭上发现了志愿军的一个阻击阵地，大约一个连的官兵潜伏在这里。邹士勇一眼就认出，这是第20军的部队。第20军是志愿军第9兵团最先入朝的部队，走得最仓促，部队甚至没来得及换发服装，就跨进了朝鲜北部的高寒区。

邹士勇上前去拉一个战士，却发现那个士兵早已冻成冰了。大家赶忙检查其他战士，才发现阻击阵地上所有的人，都被活活冻死在阵地上。整个阵地只有风声呜咽。3连官兵眼含热泪，深情地看着战士们的遗体。潜伏在冰雪坑里的烈士们，依然穿着南方部队的薄棉衣，单层胶鞋。冻得实在受不了了，战士们就用毛巾把耳朵捂起来。但这些御寒方法，在死鹰岭，是多么微

不足道。

据战史记载：这场阻击战爆发前一周，朝鲜北部普降大雪，气温在零下30℃以下，然而这支英雄的阻击部队，整整一个连，全部冻死在阵地上，无一人离开。每个士兵冻死时仍然保持着战斗姿态，100多支老式步枪，枪口直指岭下的公路。如果烈士们当时能穿上一件大衣，后撤的美军王牌陆战第1师和步兵第7师，决不能轻松通过这里。这个全部冻死都无人撤退的连队，即便不能完全堵住美军，至少也要扒下美军一层皮。

> 通过衣着描写，点明了战士们冻死的原因，突出了他们顽强的精神。

那些牺牲的战友凝固的战斗姿态，将永远凝固在人们心中，不会再冰释消融了。

小夫子多多考考你

1. “整个阵地只有风声呜咽”一句属于什么描写？在文中有何作用？

2. “那些牺牲的战友凝固的战斗姿态……不会再冰释消融了”一句应该怎样理解？

小夫子多多的读后感

在零下30℃以下的气温中，衣着单薄的志愿军战士潜伏在冰雪中，而100多支老式步枪指向的却是装备精良的敌人。虽然这是一场没有打响的伏击，但我们从战士们永远凝固的战斗姿态中，感受到了志愿军必胜的信念。

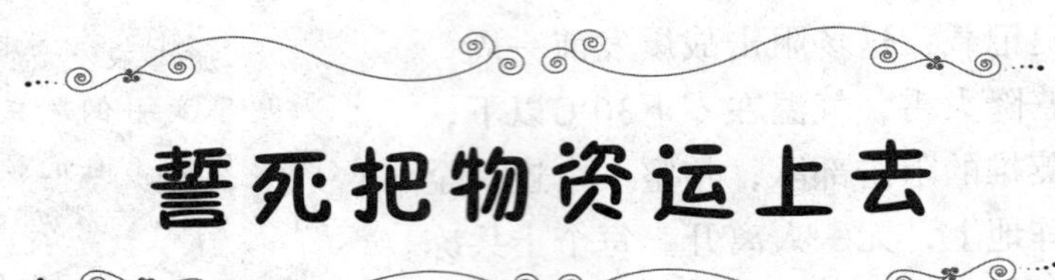

誓死把物资运上去

1950年12月，朝鲜战场上物资极度匮乏，严重缺水不说，战士们一年到头也吃不上一回蔬菜，咸菜也是偶尔才有一点。当得知要承担往朝鲜战场运送粮食和子弹的任务时，山海关铁路部门的很多年轻人纷纷报名。以李可信为领队的5台机车组工作人员，和其他爱国青年一样，毅然奔赴朝鲜战场。那时，每个人几乎都攥紧了拳头暗暗发誓："把弹药运上去，把军需物资运上去，把美国佬打回去！"

在朝鲜战场上，不仅生活艰苦异常，而且每时每刻都面临着死亡的威胁。李可信和机车组工作人员在朝鲜战场上冒着枪林弹雨，无论遇到多么危险的情况，他们都把运送的货物看得至高无上，甚至可以为之牺牲生命。在那里的四年中，他们无数次与死神擦肩而过。

1951年8月的一天，在朝鲜新城川车站，我方一列弹药车急需运往前线。正当准备发车的时候，几架美国轰炸机突然出现在上空。当他们发现弹药车时，立刻开始狂轰滥炸。很快，一辆弹药车被击中，顿时火光冲天，弹片横飞。

情况非常危急，其他弹药车不仅受到敌机轰炸的威胁，而且还有被大火引爆的危险。李可信带领所有机车组人员，不顾生命危险，立即冲了上去，抢救没有被炸毁的弹药车。此时火车头已被炸坏，列车没有了动力。他们就用撬棍撬，用手推，把没有被炸毁的车辆隔离隐藏起来。

> 通过动作描写再现了同志们抢救弹药车的情景，表现了他们不怕牺牲的精神。

在隐蔽弹药车的过程中，李可信被横飞的弹片刺破了小腿，其他同志都劝他躲进山洞包扎一下，但他坚决不答应，仍然和同志们并肩作战。等大家把所有弹药车转移到安全位置后，李可信的裤管早已被鲜血浸透了。

一番轰炸之后，敌机飞走了。为了争取时间，同志们顾不上休息，赶紧抢修被敌机炸坏的火车头。好在问题不大，不一会儿，火车头又可以重新工

把物资运到前线

作了。

可是，列车刚刚开出不久，又被盘旋在附近的敌机发现了，并对列车穷追不舍。机车组的同志们，一路上与敌机巧妙周旋，时而加速前进，时而在隐蔽的地方停车，一次次躲过了敌机投下的炸弹，终于将弹药按时送到了前线。

就这样，李可信和他的同事们，一次次冒着生命危险，保障了军需物资的及时运送，为抗美援朝战争的最终胜利，作出了突出贡献。

小夫子多多考考你

1. 李可信带领的运输队，在朝鲜战场上遇到了哪些困难？请概括。

2. “在朝鲜战场上，不仅生活艰苦异常，而且每时每刻都面临着死亡的威胁”一句在文中起到什么作用？

小夫子多多的读后感

为了那句坚定的誓言，穿行在枪林弹雨之中，为战争物资的运送提供了保障。即便到了死亡的边缘，也只是稍做休息之后马上投入了新的战斗。而这一切都是为了不辜负中朝两国人民的重托，这是何等高尚的情操！

黄继光

课文再现

《黄继光》（人教版四年级下册）一文记叙了抗美援朝时期，在上甘岭战役中，志愿军战士黄继光在非常危急的情况下，用身体堵住敌人枪口壮烈牺牲的事迹。文章表现了黄继光大无畏的英雄气概和崇高的爱国主义、国际主义精神。

小夫子多多有话说

大家好！我是你们的小夫子多多。在抗美援朝战场上，为了不辜负祖国和朝鲜人民的重托，志愿军战士和来犯之敌进行了浴血奋战，黄继光、杨春增、吕松山、杨根思等一大批战斗英雄的名字，和他们的光辉事迹一起，永远铭刻在中朝两国人民的心中。

课外链接

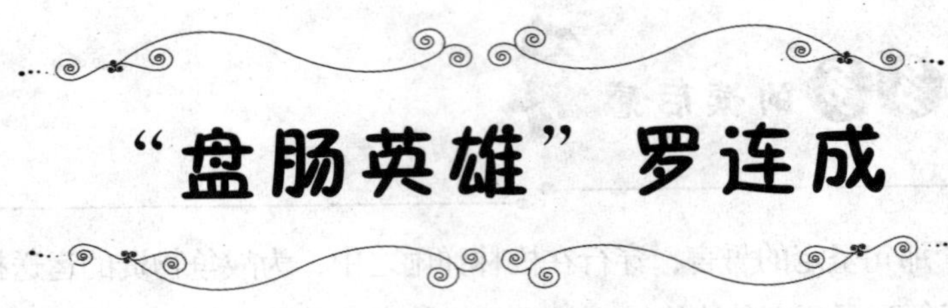

“盘肠英雄”罗连成

1953年5月，志愿军某部二营五连接受反击下勿闲北山美军的任务。罗连

成代表三班战士多次恳求担任突击班，上级领导最终同意了他们的请求。

5月2日晚10时左右，五连到达冲锋出发地。为了能够在战斗打响后，迅速逼近敌人，罗连成和突击班的战士们，摸到敌人阵地的铁丝网前侦察，并寻找进攻的突破口。

传神的动作描写，表现了罗连成敏捷的身手，和不怕牺牲的精神。

上午11时，我军冲锋的号声响起，罗连成与爆破手李少林，以迅雷不及掩耳之势，分别扑向挡在正面的两座敌碉堡。只见罗连成时而飞奔，时而匍匐前进，不一会儿就冲到了敌人的碉堡跟前。他迅速查看了一下地形之后，把一个炸药包扔进了碉堡内，赶忙卧倒在离碉堡不远处的一个凹坑内。一声巨响之后，敌人的碉堡被夷为平地。

罗连成搬开压在左臂上的大石块，从凹坑中爬出来。透过弥漫的硝烟，他看到敌人的另一座碉堡依然向外喷射着条条火舌，看来李少林的爆破行动未能成功。此时，我军冲锋的战士被敌军碉堡中的强大火力压在山腰下。

罗连成的心中着急万分，他顾不上包扎左臂的伤口，当即向敌人的碉堡冲去。快要冲到敌人碉堡跟前的时候，碉堡里的敌人发现了他，一串子弹扫射过来，罗连成的小腹被敌人打穿了。他忍着剧痛，又向前跨了几步，将手雷投进碉堡，随着爆炸声，碉堡塌了，他也晕倒了。

突击班的其他战士见状，赶忙冲上来，只见他躺在血泊中，肠子从小腹流了出来。战士们正要把他背下阵地，他苏醒过来，严肃地命令道："完成任务要紧，不要管我。"说完，他忍着剧痛站起来高呼："同志们，狠狠地打呀，争取立功的时候到了，给祖国和毛主席争光啊！"在他的激励

碉堡

下，战士们向美军勇猛冲杀过去。

突然，机枪从美军另一个碉堡里猛烈地射出来，战友们暴露在美军的枪口之下，压得抬不起头，进攻受阻了。罗连成心一横，把流出的肠子盘了盘，从伤口塞进腹腔，咬紧牙关，夹起一包炸药，拼命向美军碉堡爬去。接近碉堡后，一跃身，将炸药填进碉堡枪眼。碉堡被炸毁，罗连成也为保卫祖国献出了宝贵的生命。

为了追念罗连成的英雄事迹，中国人民志愿军党委将下勿闲北山战斗命名为“盘肠大战”，追记罗连成一等功，授予其“盘肠大战英雄”称号。

1. 罗连成后两次爆破敌人的碉堡，遇到了怎样的困难？你体会到了他的什么精神？

______

______

2. 中国人民志愿军党委为什么要把下勿闲北山战斗命名为“盘肠大战”？

______

______

小夫子多多的读后感

左臂受伤来不及包扎，肠子流出就自己盘回去……罗连成凭着顽强的毅力和对祖国的无限忠诚，多次摧毁敌人的碉堡，为后续部队的冲锋扫清了障碍。罗连成虽然英勇牺牲了，但他的崇高精神永远活在人们心中。

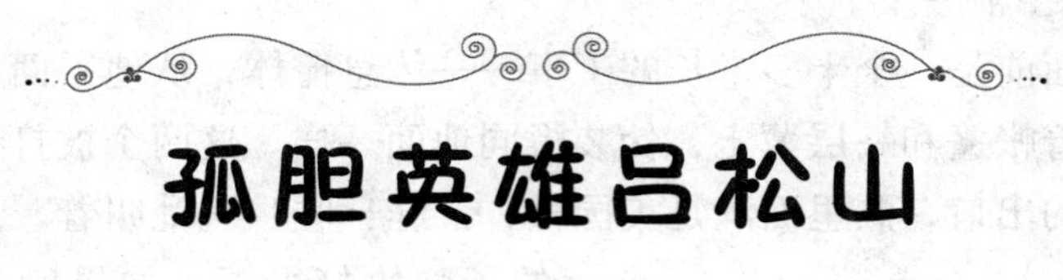

孤胆英雄吕松山

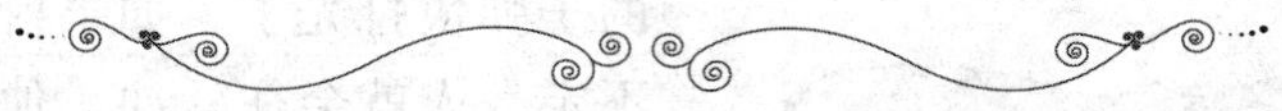

一颗信号弹升上天空。霎时，炮火从四面八方飞向敌人的阵地。美国兵现在都像失掉灵魂一样，有的伏在地上，头恨不得埋到地下去，有的钻到汽车轮子下，有的爬进工事去，头也不敢露。有的跑掉了帽子也不顾，场面相当狼狈。

突然，远处的山地里，有十多个身手敏捷的战士，在炮火的掩护下，顺利通过了敌人机枪的封锁线，很快便接近敌人的阵地。这是攻击部队最先头的一个突击班。冲在队伍最前面的，是突击班里的战斗小组长吕松山。他们的任务是攻击敌人阵地中心的一个核心工事，就好比一把尖刀直刺到敌人心脏。

吕松山一边向敌人靠近，一边鼓励大家：“同志们！立功的时候到了！”这时候，为他们掩护的炮火，和从敌人阵地打来的枪弹，在开阔地上冒起一阵阵的灰尘和烟雾。突击班的战士们，冒着弹雨，穿过尘烟，在战斗中前进！不大一会儿，敌人的核心工事，就摆在英雄们的面前了。

奇怪！工事里一个敌人也没有，只有一辆遍体鳞伤的坦克仍然躺在洞口。班长走向汽车，想搜查一下。突然一阵冲锋枪响，“吱吱”响的子弹便飞到汽车上，班长的肩头负伤了。吕松山端起冲锋枪，来不及瞄准便给敌人一阵威吓的射

烈士纪念塔

击！在公路那边的两个敌人倒下了。吕松山冲过去一看，眼前的情景让他不由得心急如焚，满头冒汗！

原来他面前是一个十多米长的工事——休息掩体，从地平面掘下两米多深，上面盖着帐篷和一层薄土，伪装得同地面一样。这两个被打死的敌人，正位于工事的出口，洞里面满是美国兵，“哇！哇！”乱叫着。吕松山弹夹的子弹快打光了，如果射击中断，说不定敌人就会往外冲，他急忙由扫射改为点射，右手端枪一发一发朝洞口方向射击，左手掏出手榴弹，用牙咬开弹盖，再咬住拉火圈，把手榴弹投进洞去。只听见“轰”的一声，炸得敌人叫声一片。趁着手榴弹爆炸的一刹那，他迅速换上了新弹夹，就这样，一阵枪响连着的便是一声手榴弹。不一会儿，他身上的四颗手榴弹投完了，工事里面的敌人还在乱叫，这时，他只得向战友喊道：“快掩护！快掩护！”

细致传神的动作描写，再现了吕松山封锁敌人掩体的过程，显示了他超人的胆略和智慧。

可是，公路那边的两个战友，正在应付几个敌人的反击，根本无法脱身，只有肩头负伤的班长爬起来依托在汽车头上，一枪一枪地向洞口射击，为他支援火力！他急忙从敌人死尸上找到了四颗手榴弹，他继续一阵枪声接着一颗手榴弹，封锁着洞口。当投到第七颗手榴弹时，工事里伸出来一条白色的毛巾——投降的记号。吕松山同志右手端着满匣子弹的冲锋枪，左手拿着手榴弹，用大拇指顶起拉火圈，作好了应变的准备后，才停止了射击。他向敌人招呼着：“欧开（OK）！欧开！顶好！顶好！”听到招呼后，敌人把枪从帐篷缝里一支支都丢到工事外，接着三十几个美国兵举着双手走到洞外。这时候，吕松山太兴奋了，他站了起来，冷不防从旁边阵地上飞来一颗子弹，正打中吕松山的左臂，他眼睛一阵金星，顿时汗如雨下，但他镇静地坚持着，不让敌人看出破绽。等把最后几个美国兵叫出来，交给跟上来的兄弟部队后，他再也支持不住，昏倒在地。等醒过来，四围的枪声响得很厉害，他知道这是兄弟部队在向敌人发起最后的攻击。

1. 是什么原因迫使掩体里的几十个敌人全部投降？

2. 请指出下列比喻句中的本体和喻体，并说说这个比喻有什么作用。

英雄们有了枪弹，好比老虎长了翅膀！

小夫子多多的读后感

发现掩体里的敌军后，吕松山没有退缩，他以猛烈的攻势封锁掩体，不给敌人喘息的机会，最终迫使敌人投降。他凭借超人的胆识和智慧，一个人俘虏几十人，也凭借顽强的精神支撑着中弹后的身体，不让敌人看出破绽，从而创造了战斗的奇迹。

小小资料箱

中国人民志愿军的英雄功臣

为了夺取抗美援朝的胜利，中国人民志愿军浴血奋战，前仆后继，作出了巨大的牺牲，涌现出许多英雄人物。其中获得“朝鲜民主主义人民共和国英雄”称号的有：彭德怀、黄继光、杨根思、伍先华、许家朋、孙占元、邱少云、李家发、杨连第、杨春增、杨育才、胡修道12人。杨根思、黄继光获得“特级英雄”称号。还有一级英雄50名，一级模范4名，二级英雄270名，二级模范81名。其他英雄称号6名。

我的战友邱少云

课文再现

《我的战友邱少云》（语文S版五年级上册）一文讲述了一次在敌人前沿阵地的潜伏中，为了不暴露潜伏目标，被敌人燃烧弹烧着的邱少云，忍受着难以想象的痛苦，直到牺牲也没动一下身体。故事表现了邱少云顽强的意志力，赞扬了他勇于牺牲的英雄主义精神。

小夫子多多有话说

大家好！我是你们的小夫子多多。邱少云以超人的意志力保证部队完成了任务，他在烈火中得到了永生。可见在惨烈的朝鲜战场上，勇敢的精神、严明的军纪、超人的胆略……这些都是取得战斗胜利的重要保障。让我们穿行在硝烟弥漫的文字里，去感受志愿军战士惊天地、泣鬼神的英雄气概。

课外链接

1953年朝鲜战场夏季反击战斗中，志愿军某部三连在前沿阵地执行防御任务。连队根据上级指示，在上阵地的第三天，便组建了敌前活动小分队。

十班班长钟樟彩、战士罗元礼等，都是小分队的骨干成员。待准备就绪，指导员召集小分队交代任务："摸清敌人阵地具体情况，最好见机行事，抓一两个俘虏回来。"

晚7时，小分队出发了。十几分钟后，敌人阵地的第一道铁丝网被剪断了，队员们钻进去以后，发现山坡的树桩上横七竖八拉了不少有刺铁丝。将铁丝刚搭上去就噼啪作响，电光四闪。看来只能用炸药了。

炸药爆炸后，队员们观察了一会儿，未发现敌人阵地上有什么异常。钟樟彩轻手轻脚地接近敌人堑壕外沿，趴下身子往堑壕里面看。不一会儿，从堑壕东头走过来一个抱着枪的美国兵。待他走到面前，钟樟彩看准了起身一跃，跳进堑壕，扑过去将美国兵摁倒在地，一把抓住美国兵的后领拎了起来。随后接应的罗元礼接过俘虏，顺手往他口里塞进一块毛巾，翻出堑壕就往铁丝网口子猛跑。钟樟彩提枪紧跟在后，两人动作迅速，几分钟就将俘虏带了回去。

传神的动作描写，显示了钟樟彩敏捷的身手，也表现了他勇敢无畏的精神。

美国俘虏送交团部的第二天上午，传来团长的命令，要三连再去抓个俘虏。原来那个俘虏是个新兵，知道的情况很少，团长要求再去抓个老兵。

晚上7点多，钟樟彩带着小分队往敌人阵地的重机枪班摸去。当快靠近敌人前沿堑壕时，钟樟彩向后示意停止前进，招手让罗元礼跟着自己，向敌人堑壕匍匐前进。借着微微的光亮，他看到一个戴着钢盔的美国兵，是个机枪手。钟樟彩摸出匕首握在手上，向身边的罗元礼一挥手，立马跃起，猛地跳进堑壕扑向那个美国兵。罗元礼伸手抓过俘虏，右手往他脖子上一夹，左手撑住壕沿一翻身出了堑壕，半提半拖着俘虏飞速往下跑去，交给了前来接应的侦察班长，让他快些带下去，自己又向堑壕冲去。

志愿军抓获的美国大兵

就在罗元礼夹住俘虏翻出堑壕时，钟樟彩两步就跨到敌人重机枪班猫耳洞口。看洞口内侧有一个在打盹的美国兵，他左手一伸就拎了起来，右手一拳对准俘虏头上砸过去。没待喊出声来，美力兵已被夹住脖子拖了下去。钟樟彩见猫耳洞里还有几个美国兵，正在发呆，就掏出手雷一拉栓丢进了猫耳洞，自己立即闪身避开洞口。只听轰的一声，猫耳洞被炸塌了，钟樟彩忍不住哈哈大笑。敌人重机枪班被抓来两个，剩下的都炸死了。

照理，钟樟彩只要翻出堑壕，迅速下山，与小分队一起将两个俘虏带回阵地，交给连部就圆满完成任务了。但是，钟樟彩看着敌人重机枪上长长的子弹带接在那里，在一种强烈的复仇心态驱使下，把战场纪律忘得干干净净。他两手端起敌人重机枪掉转头，朝敌人阵地猛烈射击，没几分钟，那条长长的几百发子弹带都打光了，他嘘出一口积在胸中的闷气，往山下跑去。

然而他只图一时痛快的行为，却使师部侦察班遭受重大伤亡，之前他消灭了敌人一个重机枪班的功劳也被抵消了。

1. 上级为什么命令小分队第二次到敌人阵地抓俘虏？

____

____

2. 是什么原因促使钟樟彩不顾战场纪律，而向敌人的阵地疯狂扫射？

____

____

小夫子多多的读后感

钟樟彩在敌人阵地上抓俘虏，如入无人之境，他无疑是个英雄。但他却没有克制住自己的冲动，擅自朝敌军阵地射击，给部队造成无法挽回的损失。故事告诉我们，一个军人不仅要有勇气和智谋，更需要严格的纪律制约。

司号员

1951年新年前夕，中国人民志愿军在朝鲜战场上突破了敌人的“38度防线”，俗说“三八线”。就在志愿军某部向汉城（今天的首尔）突进时，敌军派重兵抢占有利地形，企图迟滞我军行动，掩护其主力向南逃窜。

担负阻击南逃之敌任务的志愿军347团钢铁七连经过一天的激战，打退了敌人无数次的进攻，伤亡十分惨重，指导员张鼎和几个连、排干部相继牺牲了。当敌人再次进攻时，连长厉凤堂身负重伤，被通信员强行背离战场。临行前，他吃力地把压在身下的手枪掏出来给司号员郑起，想说什么却没说出来。

郑起望着通信员背着连长下去，忽然感到肩上沉甸甸的：现在全连只剩下17个人了，我一个司号员指挥得了这场战斗吗?

他把全连的6名共产党员召集到一个工事里，他说：“我们的伤亡很大，能坚持战斗的人不断减少，而且与团主力的联系中断了。我们面临的困难非常大，但我们都是共产党员，我们要像连长、指导员还有牺牲的英雄们那样坚守阵地，哪怕只剩下一个人，也必须坚守……”他重新布置了兵力，把现有的人编成3个战斗小组，分成三角形把守，自己在前面负责整个阵地的指挥。

> 气壮山河的动员会，表达了战士们与敌人血战到底的决心。

这时，敌人的迫击炮又开始向这个高地猛烈地轰击，并连续发起了进攻，但都被高地上的勇士们打退了。

激战中，轻机枪手的枪管被打坏了，接着有战士喊道：“没有子弹了！”郑起向战壕周围扫了一眼，发现防御阵地前沿有许多敌人的尸体，心里暗自高兴起来：从敌人身上取子弹。他正琢磨着怎么通过敌人的封锁取到子弹时，轻机枪手已熟练地把打坏的两挺机枪拼成一挺，举起来说：“司号员，你看，这不又是一挺好机枪吗？”

冲锋中的志愿军

郑起把到敌人尸体中间去取子弹的想法告诉了轻机枪手，让他掩护，然后爬出堑壕，迅速地向前奔跑。他的出现，惹来敌人机枪的好一阵扫射。他赶紧蹲到就近的一个炮弹坑里，机灵地截断一根树枝挑起了自己的军帽。军帽一露出弹坑，敌人一阵密集的机枪射击，把帽子打得左右摇晃。他趁机一跃而起，从一具具敌人尸体上搜集弹药，一下子抱回10条子弹袋和一大堆手榴弹。

激烈的枪声再次响起……

小夫子多多考考你

1. “激烈的枪声再次响起”这个结尾，告诉了我们什么？

______

______

2. 联系上下文，想一想连长临行前想要对司号员郑起说些什么。

______

______

小夫子多多的读后感

仅仅出于连长临行前的一个示意，郑起勇敢地挑起了指挥战斗的重担。为了这份义不容辞的责任，他不顾危险，在枪林弹雨中搜集弹药，再次打响了对敌人的顽强阻击。从他的身上，我们看到了一个军人崇高的责任感和无畏的精神。

高岭上一声巨响

1950年11月29日，在朝鲜战场一次对美军的分割围歼战中，连长杨根思奉命带领一个排坚守在小高岭上。

小高岭是敌人南逃的必经之路。敌人在飞机大炮的掩护下，向志愿军阵地疯狂进攻。杨根思率领战士们从拂晓一直战斗到黄昏，打退了敌人多次冲锋，但所率战士们大部分受伤，当杨根思趁着战斗间隙整理部队时，发现阵地上只有五六个人了。

这时候，战士姜子义运手榴弹上来，并带来一张纸条，上边写着：亲爱的三连同志，你们是钢铁连队，要守住这阵地，我相信你们一定能守住——王国栋。这是副营长写的。杨根思立即把信念了一遍，阵地上虽然人少，却响起一片呼声："我们能守住！"

杨根思望着战友们被炮火熏黑的脸庞，大声说道："这个阵地不能丢，只要我们勇敢、顽强地战斗，再凶的敌人也会被我们打败，子弹拼光了用枪托。丢了阵地就是丢脸，是最可耻的事！"

小高岭上所有的人都看着杨根思，从他的话中汲取了巨大的力量。战斗又开始了，敌人把成百上千的炮弹、炸弹抛在小高岭上。随后，一群又一群的敌人向小高岭冲上来。

高岭上的志愿军

战士们奋勇反击，有的同志干脆跳出战壕，冲进敌群，与敌人拼杀。烟雾里，重机枪手向杨根思报告说重机枪子弹打光了，杨根思命令他们撤下去，而他自己仍留在阵地上。

更猛烈的炮击开始了，小高岭再次笼罩在烟雾和弹片里。在飞机、大炮的掩护下，美军陆战第1师终于攻上了小高岭。敌人非常高兴，一群士兵拿着军旗准备插在顶峰。美军官也出现了，喊叫着，挥舞着小旗子。这时，隐蔽在一旁的杨根思非常气愤，他猛然立起，举起短枪，美军指挥官倒了下去。突如其来的袭击使美国兵大吃一惊，顿时乱作一团，军旗倒向一边。杨根思抱起炸药包，拉着导火索，向敌群扑去。导火索哧哧地冒着烟，美国兵惊叫起来，可是他们跑不掉了。高岭上一声巨响，杨根思和敌人同归于尽了。

> 通过动作描写，表现了杨根思勇敢无畏的精神，和对敌人的仇恨。

杨根思壮烈牺牲了，但他英勇斗敌、不怕牺牲的精神却永远留在人们的心中！

1. 请用文中的两个词语来概括杨根思这个人物的特点。

____

____

2. 请联系上下文，理解“突如其来”这个成语的含义。

____

____

小夫子多多的读后感

在打光所有子弹之后，杨根思让其他人撤了下去，而自己却留下来坚守阵地，并在一声巨响当中与敌人同归于尽。虽然最终没能守住阵地，但他最大程度上重创了敌人，打出了国威，表现出了不怕牺牲的英雄主义精神。

参考答案

P2 梯子岩上尖刀排

1. ①地势险要，易守难攻；②漆黑一片，只能凭感觉向上爬；③雷电交加，风雨大作，溜滑的石壁很难攀爬；④脚下是翻腾的江水，一旦失足就意味着牺牲。

2. ①敌人守军的轻敌；②恶劣天气的掩护；③战士们具有顽强的毅力和勇敢无畏的牺牲精神。

P4 渡江勇士

1. 他充满了对胜利的渴望，希望能帮战友们分担风险。这种做法表现了小李勇挑重担、不怕牺牲的精神。

2. 体会到了周连长因战友牺牲而悲痛的心情，以及他对敌人的满腔仇恨。

P6 强渡大渡河

1. 不顾疲劳，日夜行军，所以才打得敌人措手不及。

2. 千钧重物用一根头发系着，比喻情况万分危急。 造句：落水儿童正在一点点下沉，在这千钧一发的时刻，一位解放军战士迅速跳入水中，把儿童托出了水面。

P9 刘震的“口袋阵”

1. 示例：充分利用地形条件，在周围设下埋伏，只给敌人留下一个入口，一旦敌人进入埋伏圈，就进行围歼。

2. 勇敢、机敏、顽强。

P12 最难忘的一仗

1. 我军采取佯装败退、诱敌深入的策略歼灭了敌军。

2. 结尾特意交代这顶兔毛帽子，意在补充交代这次战争的胜利状况：灭掉了敌军的一个师，敌师长也不例外。

P15 火烧脚伤

1. 表现了小陈对贺军长的关心，这样更加衬托出贺军长无比坚强的性格。

2. 坚强、勇敢。

P18 挑血泡

1. 通过小丁走路的姿势看出来的。我们从这里可以看出周副主席细心、关心战士的特点。

2. 示例：周副主席用银针帮小丁挑血泡这件事，让小丁深深体会到了革命领袖对战士们的亲切关怀，从而对革命领袖充满了敬意。

P20 **贺龙二救警卫员**

1. 由于身体太弱了。在身体非常虚弱的情况下，小张还想着为贺老总打几只野羊补补身子，从中我们体会到了革命同志之间互相关爱、处处为他人着想的崇高品质。

2. 为贺老总亲自营救自己而感动，为给老总添麻烦而心中充满了愧疚和不安。

P22 **独臂英雄**

1. 因为自从参军那天起，刘正明就下定决心：生为红军人，死为红军鬼！正是这种对红军的敬仰和热爱之情让他舍不得离开部队。

2. 刘正明是个信念坚定、意志坚强、对革命执著的红军战士。

P25 **一口行军锅的故事**

1. 因为她个子大，说话嗓门大，走路动静大，干活动作大。

2. 朴实善良、性格耿直、具有勇于自我牺牲的精神。

P28 **小董过雪山**

1. ①山势险峻；②恶劣的气候条件；③海拔太高，空气稀薄；④雪洞威胁着战士们的生命；⑤战士们衣着非常单薄。

2. 运用了拟人、比喻的修辞手法，生动描写了雪山上恶劣的气候，点明了战士们险恶的处境。

P30 **九个炊事员**

1. 中途部队休息，他们要烧开水给战士们喝；宿营时，他们又要安锅灶、劈柴火、洗菜、煮饭，很少有空闲的时候，每夜只睡两三个小时。

2. 示例：最令我感动的情节是铜锅担在了司务长的肩上，这说明九名炊事员已经全部牺牲在了长征的途中，这让我真切地感受到了战士们无私奉献的精神和长征生活的艰辛。

P33 **无名红军**

1. 他想起了连长生前的叮嘱。

2. 他们要用香喷喷的饭菜招待红军。因为无名红军的壮举，让他们了解了红军严明的军纪，从而消除了之前的误解。

P35 **两个饭盒**

1. 红军战士们说话和气，纪律严明，并且还打跑了欺压百姓的伪乡长，为群众撑腰。

2. 因为这两个饭盒寄托着她对红军的思念，只要看到饭盒，她就会想起红军，就仿佛看到了革命胜利的情景。

P38 **军民鱼水情**

1. 刚开始因为受了国民党反动派的欺骗，对红军充满恐惧；后

来看到红军纪律严明，并且爱护群众，就对红军充满敬仰之情。

2. 战士说大妈就是他的亲娘，他一定永远记住大妈的恩情，等革命胜利了，他一定来看望她老人家。

P40 **魂驻小红桥**

1. 饥饿和劳累。

2. 为70年前英子队长的牺牲感到悲痛，所以用亲手编织的花环完成70年前未了的心愿，以此表达对英子队长的怀念。

P43 **怀念小吴**

1. 为了把食物让给指导员，小吴总是偷偷吃草根树叶，长期的营养不良，让他越来越消瘦。

2. 示例：都怪我不好，是我连累了你……

P45 **一碗救命的炒面**

1. 当颜文斌走不动时，两个同志主动扶着他走，但为了不拖累同志，颜文斌坚决要求自己走。

2. 指无名红军为他人着想的高贵品质。

P48 **我们的贺主席**

1. 恐惧→好奇→敬佩→依依不舍。

2. 临行时，红军认真核对群众的物品，并用铜盆赔偿群众丢失的木盆。

P51 **周恩来带病走长征**

1. 群众受了国民党的欺骗，对红军心存忧虑，不敢收钱。而红军又不肯无偿接受群众的物品，所以只好不吃梨子就离开了。

2. 你病得这么重，还协助毛主席工作，分担全军的重担，吃一小碗稀饭是非常应该的。

P53 **尝野菜**

1. 表现了战士们临危不惧，为了革命同志甘愿自我牺牲的伟大精神。

2. 因为同志们真挚的友情和当时感人的场面深深打动了他，也坚定了他品尝野菜的决心，所以说话时显得非常激动。

P55 **可爱可敬的“小皮球”**

1. 因为侯登襄黑黑的、矮矮的，圆圆乎乎，跑起来像个小老虎，所以大家都叫他“小皮球”。

2. 在草地上，炒米比金子还要珍贵。他把炒米交给组长，是想和队友们共同分享。这种做法表现了他无私的崇高品格。

P58 **他戴上了红军帽**

1. 他想起了指导员对他的鼓励，也从指导员舍己为人的壮举中得到了力量，他明白自己只有坚持走下去，走到胜利，才不辜负革命前辈对他的殷切希望。

2. 可是，行军打仗那么紧张，生活那么艰苦，指导员根本没有办法给他发一顶红军帽。

P61 **一袋干粮**

1. 因为她知道，同志们知道她丢米袋的事情后，准会把自己的粮食捧出来给她吃。而大家的粮食都很少，她不忍心给大家添麻烦。

2. 示例：我印象最深的情节是小兰把野草装在挎包里骗大家。这个情节不仅表现了小兰高贵的品质，也反映了同志们之间的真挚情感。

P64 **芳妞脱险**

1. 她想要去探探究竟，看看部队为什么突然撤出了镇子，他们又去了哪里，乡亲们的情况又怎样……

2. 芳妞巧妙脱险，表现了她聪明、机警、勇敢的特点。

P67 **毛泽东背粮**

1. 往返上百里山路，还要翻越上千米高的黄洋界，别说肩膀上挑着粮担，就是空手走一趟，也累得不得了。

2. 一方面是指站的位置越高，看到的距离越远；另一方面是说有了远大的理想和坚定的信念，才能看到更远的将来。

P69 **巍巍井冈山**

1. 大井、朱德挑粮小道、黄洋界。

2. 还凭借革命领袖英明的指挥，凭借战士们顽强拼搏的精神。

P72 **井冈山会师**

1. 因为两支部队的会合，意味着中国革命的新起点，不仅壮大了革命的力量，而且还有了自己的革命根据地，可以争取更大的胜利。

2. 示例：他们使劲摇着对方的手，那么有力，那么坚定，那么热烈，那么持久。

P74 **跟着舅舅走长征**

1. ①虽然没有具体任务，但他每天都准时到贺龙那里报到；②当看到舅舅洗他尿脏的床单时，他感到羞愧无比，发誓再也不尿床了。

2. 贺龙既讲原则，又讲感情。

P77 **“红小鬼”在走出草地前倒下**

1. 泥潭、沼泽地散发的有毒气体、高寒缺氧等。

2. 指能带领红军穿越草地中心的向导。

P78 **雪山小太阳**

1. ①指小姑娘穿着红艳艳的毛

衣，像小太阳一样分外耀眼；②小姑娘用快乐的歌声鼓舞战士们的斗志，让大家感受到了太阳般的温暖；③小姑娘舍己为人的精神，像太阳一样放射着灿烂的光芒，激励着大家继续前进。

2. C

P81 追赶队伍的小红军们

1. 因为他年纪小，出于照顾，怕他跟不上队伍，就让他到了留守处。

2. 因为他们都是革命的小战士，对党和部队无比地热爱和忠诚。

P85 西安楼战斗

1. 一是因为那竹村坐东朝西，二是人们希望这座高楼能够镇守一方，永保村民平安，所以取名为“西安楼”。

2. 有两个原因：①敌人把鞭炮声当成了机枪声，从而不敢贸然进攻；②稻田间的道路狭窄而且泥泞，进退皆难，敌人担心遭到埋伏，或受到前后夹击。

P87 更夫血染大中楼

1. 敌人越来越近了，但由于敌人来得很突然，乡民还未全部离开村子，情况十分危急。

2. ①为了节省子弹，他不紧不慢地回击；②举起木板在楼顶这边晃晃，那边晃晃，装成楼上有很多人走动的样子，引来敌人密集的炮火。

P89 雁翎队打敌船

1. 由于游击队员使用的土枪放火药的小洞上都插着一根美丽的雁翎，所以人们称这支游击队为“雁翎队”。

2. 运用了比喻的修辞手法。突出了木船速度之快，表现了游击队员们勇敢无畏的精神。

P92 冉庄地道战

1. 打死打伤敌人2100多名，创造了世界战争史上的奇迹。

2. 冉庄地道战是中华民族抵御外侮、人民战争取得伟大胜利和中华民族英勇斗争精神的历史见证！

P94 巧摆地雷阵

1. “箱子雷”、“胶皮连环雷”、“踩雷”、“绊雷”、“夹子雷”、“真假子母雷”。

2. 研制出一种“真假子母雷”，就是假雷在上，真雷在下，用线相连，一起假雷，真雷就爆炸。

P97 急送鸡毛信

1. 插着鸡毛必须马上送达的信，就叫“鸡毛信”。

2. ①故意使驴粪溅了自己一身，让敌人不敢近身；②故意装作惊慌的样子，消除敌人的疑心。

P100 中国战胜日本

1. 小孩对日本侵略军充满了仇恨，他希望中国人能够早日把敌人赶出中国，所以故意写成“中国战胜日本”。

2. 理由是家长没带孩子向皇军“认罪”。一个十来岁的孩子热爱自己的祖国何罪之有？日军兵的做法反映了侵略军残暴、蛮横的本性，这更加激起了“我”对侵略者的无比痛恨。

P102 少年英雄李爱民

1. 为的是一旦被鬼子发现，就赶紧给大家报信，好让大家迅速转移。我们从这里可以体会到他勇敢、机智的特点。

2. 毫不畏惧。

P105 抗日小英雄姜墨林

1. 因为他不仅作战勇敢，而且还肯动脑子。

2. ①巧妙躲过敌人的盘查，混进城去。②为掩护运输队撤退，伏击并拖住敌人，最终成功脱身。这两件事情表现了姜墨林机智、勇敢、善战的特点。

P107 小八路王德明

1. 为了把敌人引得更远，拖住敌人，为独立营转移争取宝贵的时间。

2. 比喻句：日伪军听到枪声发现了王德明的行踪，像一群饿狼朝王德明追去。好处：把敌人比喻成“饿狼”，形象地写出了敌人凶残的特点。

P109 桃树沟里的抗日小英雄

1. 属于动作描写。这个动作表现了王璞倔强、顽强的性格特点。

2. 提示：可以从对鬼子的无比憎恨，或对英雄王璞的无比钦佩方面来谈。

P112 抗日小英雄杨杨

1. 机智——遭遇鬼子后，让阿黄咬着情报撤退，自己死死拖住鬼子，掩护情报的安全转移。勇敢——为了表达对敌人的仇恨，狠狠扇了鬼子一耳光；遭到敌人的毒打，也不屈服。

2. 最关心情报的安全。我们从中可以感受到他强烈的责任感。

P114 小游击队员

1. 队员们觉得刘林通身材太矮小，担心他会吃亏；而队长觉得身材矮小是刘林通的优势，因为这样不容易引起敌人的怀疑。

2. 利用了伪军哨兵对日本鬼子的恐惧。

P118 郦正元灌醉鬼子缴手枪

1. 因为经过一段时间的精心

而周密的工作，郦正元取得了敌人的信任。

2. 他要试探一下鬼子的反应，如果鬼子此时醒来，他可以继续假装为鬼子效劳。

P120 “管半仙”奇门相术搜情报

1. 就是看相算命的绝活。

2. 帮助新四军成功伏击日寇。

P123 捉“舌头”

1. 具体指为鬼子送信的伪军。这里运用了比喻的修辞手法。

2. ②③①

P125 英雄侦察员侯连智

1. 为了给房区长搞一把手枪。从这里可以看出侯连智豪爽的性格特点和勇敢的精神。

2. 于是他让房区长和他一起赶邵而集去，说一定会给房区长弄把好的。

P128 只身闯虎穴

1. 为了使六连落后的装备和敌人坚固的碉堡形成鲜明的对比，从而突出突击队员的勇气。

2. 敌人见势不妙，又无路可逃，不得不乖乖地缴械，举手投降。

P130 失去双手堵枪眼

1. 此时徐佳标已被敌人砍掉了双手，为了尽快堵住敌人的枪眼，他一步步艰难地爬行。通过这些悲壮的举动，我被徐佳标豪迈的英雄气概深深感动了。

2. 他想得最多的一定是对敌人的无比仇恨，以及对革命彻底胜利的强烈渴望。

P133 死也不能倒下

1. 指吉鸿昌为抗日而死，不愿跪下挨枪，他让敌人搬来椅子，他要坐着死。

2. 刚直倔强、意志坚定、大义凛然、视死如归。

P135 14勇士悲壮跳崖

1. ①战士们的子弹大都打光了；②根据时间判断，首长和机关已经突出了重围；③敌人步步逼近，战士们已经没有退路。

2. 示例：对祖国人民的无限热爱，对敌人的刻骨仇恨，对革命胜利的强烈渴望。

P138 马石山上

1. 六班战士为了掩护群众突围，在马石山峰顶与敌人浴血奋战，在弹尽粮绝的情况下，拉响了最后一颗手榴弹，与敌人同归于尽。

2. ①为了群众安危，再次杀入敌阵——勇敢无畏，责任感强。②为掩护群众突围，把敌人引到山上——英勇机智，当机立断。③子弹打完了，就用石头砸敌人——顽强斗争，誓死拼搏。④在弹尽粮绝的情况下，与敌人同归于尽——宁死不屈，视死如归。

P140 八女投江

1. 在敌人向大部队逼近，并且没有被敌人发现的情况下，主动发起进攻的。 我们从中感受到了8位女战士勇敢无畏、顾全大局的崇高精神。

2. 表达了人们对8位女战士的赞扬、崇敬和怀念之情，突出了本文的中心。

P144 一双布鞋

1. 为大娘的女儿治病之后，秦克夫执意送给大娘一些珍贵的药品。

2. 质朴、善良，关心战士，支持革命。

P146 9条肥皂

1. 只有人民解放军，才有这规矩——严格遵守纪律，才这么爱护咱老百姓。

2. 示例：地震灾难发生后，看到迅速赶来营救的解放军战士，灾区人民感动得热泪盈眶。

P148 七班回来了

1. 只要我们时刻想着群众的利益，全心全意为人民服务，就一定能够得到群众的支持和拥护。

2. 在这样寒冷的天气里，衣着单薄的战士还坚持为群众做好事，并且不接受群众送来的棉手套，这更加突出了人民解放军严明的军纪和对老百姓的爱护。

P150 葫芦兵

1. 面对汹涌奔腾的黄河和南岸国民党军的坚固火力工事，强渡必然会付出较大代价。

2. 为了吸引敌人的火力，掩护精锐部队乘船渡河。这里运用了“调虎离山计”，或“暗度陈仓”之计。

P152 “插翅”而飞

1. 在大军压境、四面受敌的情况下，若白天死打硬拼强行突围，显然是一种冒险行动。

2. 东南角的敌人比较乱，火力也不强，与他们的左、右邻不协同，互不支援，各打各的。很明显，这个地方是敌人的两个建制部队结合部，是个薄弱环节。

P155 骄兵必败沙家店

1. 我军西北面是浩瀚的沙漠，东边是滔滔黄河，南北是大量的敌人，这极容易陷于被动挨打的处境。而且毛泽东、周恩来率领的党中央机关就在附近地区，处境非常危险。

2. 提示：可以从以下角度来谈：①骄兵必败；②只要我们团结一心、奋力拼搏，就有机会打败一切来犯之敌。

P158 原封不动

1. 指邢东和董富最终把看管的物品原封不动地交给了组织。

2. 动作描写、心理描写、语言描写。

3. 诚信、负责、纪律严明。

P161 一个连俘敌一个团

1. 本文标题强调了王银虎取得的辉煌胜利，更能突出他机智果敢的特点。

2. 就这样，在这位机智果敢的连长指挥下，敌人一个团的人被我军用极少的兵力全部俘获了。

P163 小木船打兵舰

1. 机智勇敢。

2. 运用了比喻的修辞手法。把小船飞速前进的情形生动地表现了出来，也表现了战士们勇敢无畏的精神。

P166 两滴鱼肝油

1. 为了照顾难友的身体，李承林坚持与同志们分享来之不易的鱼肝油，并且不顾同志的抗议，每次都在别人的碗里多滴两滴。

2. “两滴鱼肝油”反映了狱中难友深厚的情谊，也体现了一个共产主义者在艰难困苦的环境中对战友无私的爱。

P168 年少不怕上大刑

1. 动用了夹手指、插竹签、上大挂等酷刑。这些手段反映了敌人残忍、反动的本性，也反映了敌人对共产党人的恐惧。

2. 在敌人的严刑拷打面前，林莺始终没有屈服。我们从林莺的表现中感受到了她坚强不屈的精神和对革命的忠贞。

P170 白公馆里绣红旗

1. 牢房里没有材料，他们就把被面拆下来当红旗，又找来几张黄色的纸，剪成五角星贴上。

2. 示例：坚定的信念、执著的追求。

P173 永不消逝的电波

1. 坚贞不屈。

2. 可以有两种理解：①指敌人残暴的手段，并没有使李白屈服，出狱之后他又继续从事秘密发报工作；②意思是说，李白同志虽然英勇牺牲了，但他坚贞不屈、忠于革命的精神永远激励着后人继续前进。

P175 朱盛茂宁死不屈

1. 示例：宁死不屈、视死如归。

2. 具体指“5月22日上虞全境

解放”。这里运用了比喻的修辞手法。

P178 与万泉河共存的六姐妹

1. 指为革命事业牺牲生命。

2. 示例：①林玉荣咬紧牙关，坚决要和姐妹们死在一起的情景；②六姐妹一步步走向万泉河的情景。从这些情节中，我深深体会到了姐妹们英勇顽强、不怕牺牲的精神。

P182 钢铁阵地

1. 只有守住这个小阵地，攻击腰家窝棚的部队，才能顺利解决敌人，从而阻止敌人逃跑。

2. 示例：绿色食品并不是绿色的食品，而是对无污染的安全、优质、营养类食品的总称。

P184 与敌人同归于尽

1. ①率领三班战士多次打退十几倍于我军的敌人；②负伤也不让战士管自己，打敌人要紧；③被包围后，拉响手榴弹与敌人同归于尽。

2. 体会到了人们对“独胆英雄”陈树棠的崇敬和缅怀之情。

P188 背 水

1. ①因为敌人的严密封锁，炊事班无法把水及时送到阵地；②战士们随身携带的水壶被敌人的子弹打穿；③天气炎热，战士们需要大量补充水分。

2. 勇敢、机敏、细心。

P190 没有打响的伏击

1. 环境描写。渲染了悲壮、凄凉的气氛，反映了作者悲痛的心情。

2. 示例：战士们英勇无畏的精神活在人们的心中，人们永远无法忘记。

P192 誓死把物资运上去

1. ①蔬菜一年也吃不上一回，咸菜偶尔才有一点；②严重缺水；③时刻都有生命危险。

2. 过渡作用。（或承上启下的作用）

P194 “盘肠英雄”罗连成

1. 罗连成后两次爆破敌人碉堡时，都遭到了敌人的袭击，腹部中弹。他能在这样艰难的情况下，忍着剧痛完成任务，让我深深感受到了他的坚强、英勇和不怕牺牲的精神。

2. 这是为了纪念我们的英雄罗连成，他在临死前将流出的肠子盘起塞进腹腔，无比坚强地完成了爆破任务。

P197 孤胆英雄吕松山

1. 吕松山持续、猛烈的封锁，使敌人找不到反击的机会，他们甚至会认为封锁他们的是一个战斗群体，所以感到非常沮丧，决定投降。

2. 本体：有了枪弹的英雄们；喻体：长了翅膀的老虎。这个比喻形象地突出了枪弹在战斗中的重要作用。

P200 **抓俘虏**

1. 因为第一次抓住的那个俘虏是个新兵，知道的情况很少。

2. 由于对敌人的仇恨，他一时无法控制自己。

P203 **司号员**

1. 告诉我们，郑起成功取回了弹药，战士们开始了新一轮的阻击战。

2. 提示：有两种可能。一是委托郑起接替自己指挥战斗；二是委托郑起把手枪转交给其他人，作为战场指挥权的象征。

P205 **高岭上一声巨响**

1. 英勇斗敌，不怕牺牲。

2. 形容事情出乎意料地突然发生，出现。